色川大吉人物論集

めぐりあったひとびと

日本経済評論社

◉目次

水俣病や公害にとり組んだひとびと　81

冒険家・登山家として特筆されるひとびと　107

作家、歌人、文明評論家でもあったひとびと　127

忘れ難いひとびと

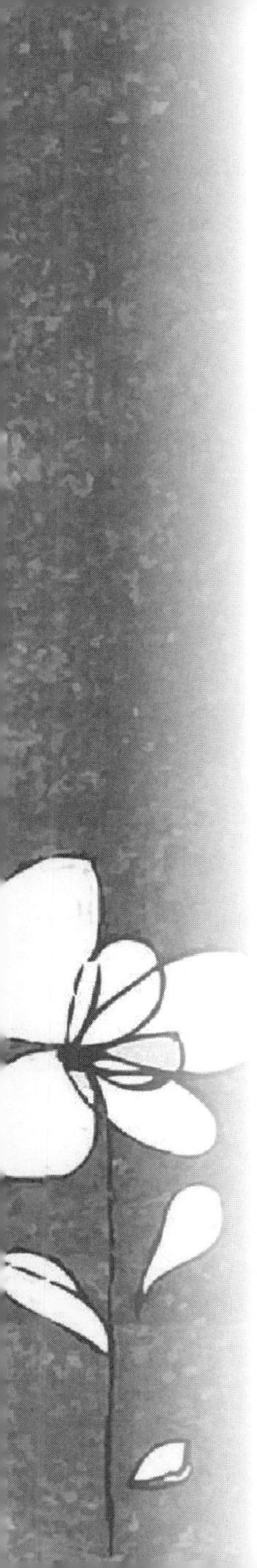

民俗や芸能の研究者と著名な芸能人

櫻井徳太郎

柳田門下の高弟、誠実な民俗学者

櫻井さんとは長くつづいた浅からぬ縁がある。わたしが一九七〇年代はじめ、アメリカのプリンストン大学で大学院生の論文作成に協力していたとき、柳田国男をとりあげたいというロナルド・モース君を手紙で紹介したときが初めてである。そのときの謙虚な対応に感動した。

帰国して鶴見和子さんたちの近代化論再検討研究会に参加するときは一緒だった。その縁で一九七六年(昭和五一年)からの不知火海総合学術調査団に参加してもらったのである(その成果は一九八三年の調査団報告書『水俣の啓示』上下巻、筑摩書房)。

わたしはこの調査と並行して、初代館長井上光貞を助け、国立歴史民俗博物館の展示委員会の代表のような仕事をしていたが、その民俗部門の委員に櫻井さんにもなっていただいた。千葉県佐倉往復の電車賃とわずかな日当だけの、長期間(一九七六〜八三)にわたる無給協力者(わたしも無給)で、気の毒であったが、嫌な顔もせず誠実に責任を果たしてくれた。

その人柄を示す逸話がある。水俣調査団が発足したばかりの七六年一二月、東京お茶の水の山の上ホテル

深水の宿での櫻井徳太郎（いちばん奥）

不知火海の獅子島で「かくれキリシタン」などを調査する櫻井徳太郎（左から２人目）

の会議室で一四人の団員と石牟礼《いしむれ》道子さんとの交流研究会がひらかれたとき、櫻井さんが『苦界浄土』につづく『椿の海の記』を読んで、「わたしは二本足で立っていることができなくなった」と率直に衝撃を告白したとき、石牟礼さんは泣いた。櫻井さんが彼女に向かって、「あなたは非凡です」と面とむかって言ったのである。わたしはこの人は良い人だなと思った。

不知火海の離島の深水《ふかみ》の宿に泊まった夜、五、六人の前で正調『佐渡おけさ』を踊ってくれたのも櫻井さんだった。手ぬぐいで頬かむりし、笛を吹く手つきをしながら踊られた。「慣れているなぁ、さすが新潟生まれの民俗学者！」という声があがった。

かれは一九一七年四月一日、魚沼郡に生まれ、二〇〇七年八月二七日、悪性リンパ腫で死去した。一九四四年東京文理大学を卒業、後、東京教育大学、駒澤大学の教授をつとめ、学長にまでなっている。シャーマニズムや日本民俗学を専攻、柳田国男の最晩年の門下生ながら、第一回柳田国男賞を受賞している。かれの全集は一〇巻もある。一九八一年紫綬褒章、一九九〇年勲三等瑞宝章、二〇〇二年南方熊楠《みなかたくまぐす》賞を受けている。いわゆる功成り、名遂げた人のひとりだが、謙虚な人柄は変わらず、わたしなどに驕りをみせたことは一度もなかった。

たとえば勲三等瑞宝章を受けた一九九〇年の夏、わたしにこんな手紙をくれている。

「残暑お見舞い申しあげます。例年にない猛暑のなか超人的な活躍をつづけておられますこと、敬服の至りです。四月以来、自由の身となりましたが、気の弛みの疲れが出たのか、暫くふらふらしていました。これではならじと民俗採訪を心がけ、越後の村々を歩いてきました。帰ると貴著が届いていました。早速拝読、未見の論考いっきに読みきりました。もうとても貴文のような勢いがあり、しかもつややかなみずみずしい文章は書けそうもありません。日本のアナール派などのように現地調査もしないで、見てきたような書きぶりに閉口していた矢先、干天に慈雨の思いでした。多謝。」

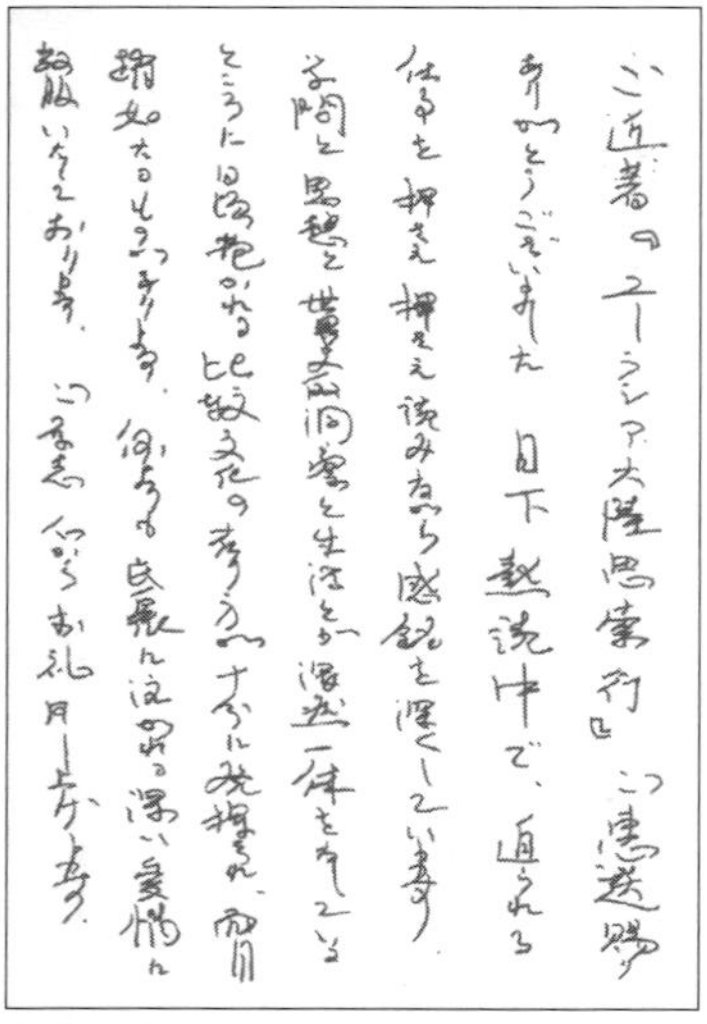
ご近著の『ユーラシア大陸思索行』ご恵送賜
わりありがとうございました　目下熱読中で、迫られる
仕事を押さえ押さえ読みながら感銘を深くしています
学問と思想と業績と生活とが渾然一体をなしている
ところに目標化された比較文化の考え方[illegible]発揮され、両[illegible]
[illegible]ものをみつかりました。何よりも民衆の生活の深い愛情に
敬服いたしております。ご芳志何からお礼申し上げます。

櫻井徳太郎さんからの礼状　1973.5.29

西山松之助

稀有な文人、江戸文化史研究者

西山さんにもわたしは歴博（国立歴史民俗博物館）への協力をお願いした。第一級の人材の人選を井上光貞館長からすべて任されていたからである。

江戸時代の町人文化に通暁した学者であるばかりではなく、みずから書画をよくし、茶杓《ちゃしゃく》（この人の作品は、いまは大変高価だという）も削るという文人であった。一九六一年（昭和三六年）『家元の研究』で文学博士。この人の力を借りないで、江戸文化の展示を企画することはできないとおもった。だから、近世部門の企画では西山さんを代表委員にお願いした。

一九七七～八一年、展示計画を作成する企画委員会が頻繁に行われるようになると、西山さんは嫌な顔もせず、その都度、佐倉まで足を運んでくれ、ほとんど無報酬なのにわたしたちを助けてくれた。いま、振り返っても感謝に耐えない。

西山松之助は一九一二年生まれ、わたしより一三歳も年長である。歴博でお逢いしたときは東京教育大学を定年退職され、成城大学の教授をしておられた。その一門の宮田登氏らが、民俗部門の展示に重要な役割を果たしていた。

歴博の開館は一九八三年の三月である。その直前、井上光貞初代館長が急死され、西山さんは力を落とされた。わたしには衝撃であった。この六年間、井上さんとは苦労を共にしてきた親密な先輩（学生時代からの）、同志だったからである。

それから一〇年後、わたしは西山さんから次のような手紙を貰っている。

「『民衆史』ありがとうございました。厚くお礼申しあげます。はしがきを読み、ページをくってゆくうちに「民衆史としての東北」を読みはじめ、ビックリ、目が覚めた思いです。歴博作りのころを追想、いたく感動しました。すばらしい本をいただき、近く通読したいと思います。歴博一〇周年、最大の功労者、井上、色川、二人が見えず、悲しい思いでした。お礼まで。」

歴博からは開館祝賀会のときも、一〇周年祝賀会のときも招待状ひとつ来なかったので、西山さんにもお逢いできなかった。文部官僚たちに逆らい、闘ったことへの仕返しは執拗であった。

文人学者西山さんから頼まれて韓国から由緒のある竹材を持ち帰ったことがある。それで先生得意の茶杓をわたしに作ってくださった。しかも、毛筆での由緒書き付きである。磨き上げられたその名器は、いまも家宝として手元に保管されている。

もう一通、手紙を紹介しておこう。

「御高著、『昭和史世相編』ありがとうございました。この間、ＮＨＫ日曜美術館で、久々に色川さんの木村伊兵衛論を聞いて大感激、その時の写真がこの本にも載っていて有り難いと思いました。

僕は木村伊兵衛の写真集をどこかで手に入れたいと思いました。とくに芸者の後ろ姿の下町の『イキ』は、

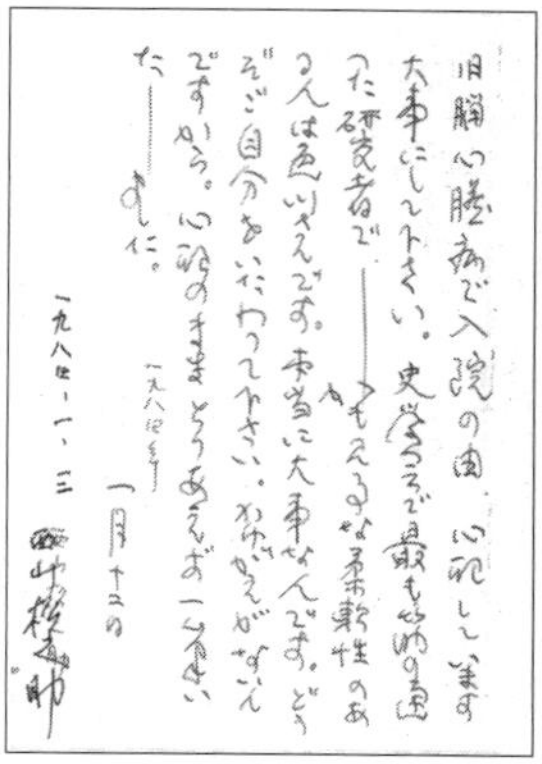
旧臘心臓病で入院の由、心配しています
大事にして下さい。史学界で最も大切な温
った研究者で――――やもえるような柔軟性のあ
る人は西山さんです。本当に大事なんです。どう
ぞご自分をいたわって下さい。おからだがずいぶん
ですから。心配のままとりあえず一筆まい
た――――ました。
一九八四年一月
一月十二日
一九八四・一・三
西山松之助

1984.1.3　西山さんからの葉書

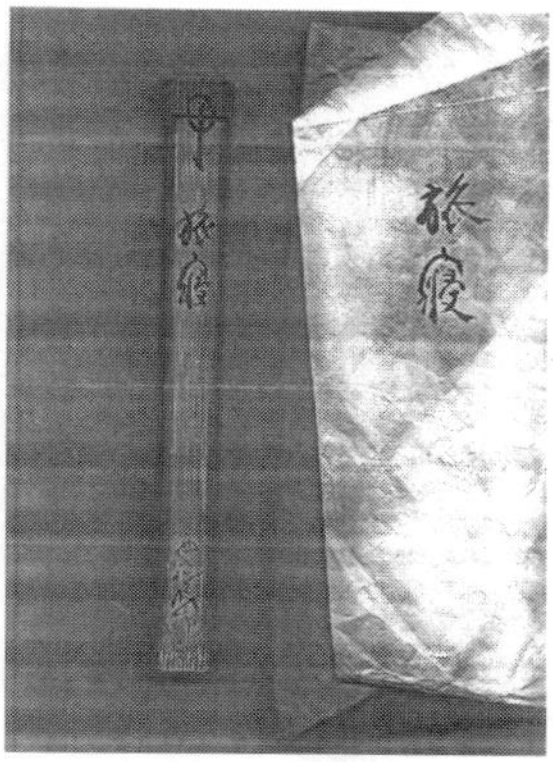

西山松之助作の茶杓

もう今はない、すばらしい日本の庶民の美だと感動しました。
私は柳田国男の『明治大正世相編』はまったく評価できません。
私はもともと柳田と同郷ですが、私の性には合わない先生でした。
郷里の民俗は柳田より和辻哲郎のほうがよく書いています。お礼まで。」

柳田を高く評価するわたしには痛しかゆしの言葉であるが、町人文化に冷淡だった柳田国男に対し、西山さんが冷淡だったのは分からぬでもない。

金田一春彦

日本の方言研究の第一人者

この人とはなんども交差している。八ヶ岳山麓の大泉村、かれの別荘を訪ねたのはずいぶん昔のこと。わたしが猛暑の東京から涼しい小淵沢高原の泉郷の貸家に逃げて、一週間ほど原稿書きをしていたとき、近くに金田一さんの仕事場があると聞いて行った。話の通り、広大な前庭を持つ大きな農家であった。泉郷の別荘村から歩いて行けた。そこで何を話し合ったのかは、もう憶えていない。誰びとにも臆することのなかった四〇代後半から五〇代にかけての私のことである。

日付が明確なのは、一九八〇年（昭和五五年）一〇月二〇日、那覇で金田一さんと岩波文化講演をしたときだ。当時、岩波は財政潤沢で、毎年のように全国各地で文化講演会を開催していた。

企画者は当時の編集トップの中島義勝（常務取締役となる）で、わたしが『明治の文化』（一九七〇）を出したときの担当編集者だった。その縁でか、わたしをひんぱんに起用した。わたしは七三年から仙台、東京、京都の岩波講演会の講師に招かれた。川島武宜、野間宏、石川淳らが真打ちで、わたしは前座をつとめた。

沖縄の岩波文化講演会は那覇の市民ホールだったが、一〇〇〇席がほぼ満員となった。前座をつとめるわたしの話の出来は、四八点と自己評価している。その夜、那覇の料亭で、中島、金田一、わたしの三人が会食し、放談した。美女がサービスしてくれ、お酒も入ったのだろう。その席で、何についてだったか忘れたが、わたしが「それはペルシャ語だ」と主張したのに、金田一さんは「いや、アラビア語だ」と言い張り、対立したことを憶えている。当時、わたしはシルクロードの旅を毎年のように繰りかえしており、自信があったのだが、結局、わたしのほうが誤りだったと解り、あとでかれに陳謝している。

最近は、一九九八年からわたしも移り住んだ山梨県大泉村（いまは北杜市大泉町）の図書館で金田一さんと公開の場で対談をしている。かれは二〇〇四年に亡くなられたので、その二、三年前のことのように思う。その図書館にかれは自分の二万冊におよぶ蔵書を寄贈されたので、今はその図書館は金田一春彦記念図書館と命名され、北杜市の中央図書館になっている。

金田一春彦はアイヌ語研究の碩学京助の子として、一九一三年、本郷森川町に生まれた。金田一京助は後に東京帝国大学の教授になるが、以前は貧しく、三省堂の校正係の職も失い、どん底の状態だったという。石川啄木が無心をしに来ていたのはそのころであろう。

春彦は本郷の真砂小学校で本居長世先生から指導を受ける。一九二六年、東京府立六中に入学、三〇年に卒業して浦和高等学校文科に進学、一年、留年して遠山茂樹らと同級になる。三四年、東京帝国大学文学部に入る。この間、本居長世の門人となっている。父からは服部四郎の方言アクセントに関する本を見せられ、

金田一春彦と方言研究の代表作

興味を抱き、結局それが生涯のテーマとなった。

一九三六年、偶然、東大講師に就任したその服部四郎から、かれは直接方言学の指導を受ける幸運にめぐりあう。三七年、大学院へ。翌年、兵役で甲府の歩兵第四九聯隊に入隊するが、病気のため秋には除隊となる。このころ、かれは地方の各地を歩いて方言のアクセントを研究調査した。三九年、東大大学院に復学。

このころの春彦は、地方の方言調査に熱中しながら、傍ら平家琵琶や仏教の声明《しょうみょう》などを稽古、研究していた。一九四二年、日華学院で日本語講師をしているが、空襲が激しくなる四五年、秩父の吉田町（いまは秩父市）の寺に疎開、終戦を迎えている。大急ぎで辿ってみたが、これが、かれの戦前の経歴である。

戦後の金田一さんの四〇年間は言語学者として、東大の講師をはじめ、国際基督教大学の講師、東京外語大や上智大、慶應義塾大教授などを転々とし、一九七七年に紫綬褒章を受けた。一九八三年、師本居長世の伝記『十五夜お月さん』を著し、毎日出版文化賞、芸術選賞、文部大臣賞を得ている。

この七〇歳代が、学者人生のピークであったろう。このころからこの人の姿をテレビでよく見かけるようになった。もともと芸域がひろい人なので、日本レコード大賞の審査委員席でもお見かけした。

一九九七年、文化功労者、二〇〇〇年、『四座講式の研究』で密教学芸賞、その年一二月、大泉村名誉村民に推されている。わたしが大泉村公民館で、この人と座談したり、対談したり、親しく会話したりしたのは、そのころである。

かれは八〇歳代なのに顔つやも良く、お元気なので、安心していたら、二〇〇四年五月、突然、クモ膜下出血で倒れ、甲府の病院で逝去された。九一歳であったという。いま大泉には金田一さんの名を冠した路や施設がいくつもあり、住民に親しまれている。

山田五十鈴

功成り名を遂げた俳優

山田五十鈴は役者で最初の文化勲章を受けた大女優、昭和を生きた人でこの人をしらない日本人は少ないとおもう。

山田は一九一七年に新派の役者を父として生まれた。幼名は山田美津。溝口健二監督の「祇園の姉妹」（一九三六）の演技で認められ、一二三歳で日活に入社。時代劇映画にもよく出た。その後、東宝に移り、人気スター長谷川一夫と共演している。

わたしはその五十鈴が二〇歳ぐらいのとき、じかに見ている。千葉県佐原町の中学生だったころ、その田舎町の松竹館に彼女が地方巡行に来たときだ。この人の挨拶を聞き、なんと綺麗なういういしい女優かとおもった。彼女はわたしより八歳上、このとき「祇園の姉妹」が上映されたのかもしれない。

彼女の三〇代、一九五〇年代には淡島千景、原節子、高峰秀子、乙羽信子らと並んでブルーリボン賞を受賞する活躍をする。しかも、五十鈴だけが二度受賞している。俳優としての頂点の時期だったと言えよう。黒沢明の「蜘蛛の巣城」（一九五七）における演技は国際的にも評価された。

その一九五三年夏のこと、新演の演出助手をしていた仲間の常世田《とこよだ》令子が、五十鈴の新劇への傾倒について次のような証言をしている（常世田『新演――わたしの大学』私家版）。

「かねてから下村正夫の友人である俳優の加藤嘉を介して新演を後援し、その若い力とアンサンブルを評価していた当代一の映画スター山田五十鈴は（中略）、夫加藤の影響を受け、前年は亀井文夫監督のもと二ヶ月の北海道ロケに参加して、まっくろになって海底炭坑にもぐり、〝女ひとり大地を行く〟の選炭婦を演じて一躍〝赤い女優〟の異名をとっていた。当時、五十鈴三六歳、息を呑むような美しさと峻烈さがあった。その五十鈴が飽くなき向上心から下村を頼って演技の勉強をつづける過程で、ついにチェホフの〝かもめ〟の上演企画に踏み出したのであった（この企画は俳優たちの都合で惜しくも挫折したが）。」

山田五十鈴　1974年度芸術祭大賞を受賞した『たぬき』の立花家橘之助《きつのすけ》

彼女の探求心の強さを示している。

一九五〇、六〇年代に山田五十鈴は映画、演劇から、テレビにまで活動範囲をひろげ、スターとしての地位を不動のものにしてゆく。わたしも見ている「箱根風雲録」（一九五二）、「縮図」や「女ひとり大地を行く」（一九五三）、「どん底」（一九五九）、「用心棒」（一九六一）など、当時の名監督に指導され、主役や名脇役をつとめていた。

NHKの大河ドラマ「赤穂浪士」（一九六四）、「源義経」（一九八六）、「葵徳川三代」（二〇〇〇）にも出演している。その他、民放各社のテレビドラマへの出演は数を知らない。

大衆向けには「必殺仕掛人」シリーズの助演者として活躍していた。山田五十鈴は繁忙期には京都の自宅を引き払い、東京の帝国ホテルで生活をしていたという。

私生活では多情な女といわれ、浮き名を残している。結婚、離婚を四度も繰り返したばかりか、他にも多くの艶聞が報じられていた。最初の夫、月田一郎とのあいだに生まれた女優の嵯峨三智子は、自分を捨てた五十鈴を最後まで許さなかったという。

晩年に女性としては初めて文化勲章を受け、栄光につつまれて九五歳まで生きたが、人間としてこの人が幸福だったのかどうかは、わたしには判らない。

美空ひばり

国民的な大歌手

美空ひばりは一九三七年（昭和一二年）生まれだが、昭和が終わった一九八九年に五二歳で亡くなっているから「昭和のシンボル」のような人といえる。昭和を生きた日本人で、この人を知らないものはいないだろう。わたしは早くも敗戦直後、東京の学生時代に天才的なこの少女歌手のけなげな姿に惹かれ、ひばりファンになった。私だけではない、数人の東大生がファンになったのである。なにが惹きつけたか。

この子は横浜の磯子の魚屋の娘に生まれた。ズブズブの庶民である。本名加藤和枝、父は増吉、母は喜美枝、この母がひばりの歌唱力に早く気づき、公民館や銭湯にステージを設け、唄わせて評判になった。戦後すぐのＮＨＫ素人のど自慢で「りんごの唄」をうたい、古賀政男を驚嘆させたという。八歳の時に美空和枝の名で初舞台、一九四八年、ボードビリアン川田義雄に認められ、その一座に加わり、スターへの道が開かれた。

松竹映画に出て、ひばりの大ヒット曲になった「悲しき口笛」は、横浜国際劇場でうたわれ、レコード四五万枚を出したものだという。一九四九年、一二歳のときである。翌年の「東京キッド」の「シルクハットに燕尾服」という扮装は、かわいいという印象をわたしたちに強く焼き付けた。ひばりファンであったのは

映画でも共演した(左から) ひばり、チエミ、いづみの元祖三人娘。

その辺までで、雪村いづみ、江利チエミと、「三人娘」などともてはやされ、特別視されるようになると、わたしは離れていった。

だが、一九五七年、二〇歳になったひばりが、浅草の国際劇場でファンの少女から塩酸を顔に投げられた事件には驚いた。当時、浅草にわたしもよく行っていたころだったから。それとわたしが奇異に思ったのは、ひばりが神戸の有名なヤクザの親分、山口組の組長、田岡一雄の芸能社の専属になったことだ。そして、ひばりプロダクションを設立したとき、その副社長に田岡親分を迎えたことだ。

一九六〇年（昭和三五年）わたしたちが安保のデモに明け暮れていたころ、ひばりは「哀愁波止場」を出して第二回レコード大賞を受け、「歌謡界の女王」とうたわれた。そうなると、かわいいひばりが黄金のつばさをつけ、別世界に飛んでいってしまったような感じだった。彼女が小林旭と結婚しようが、離婚しようが、無関心。離婚直後の「柔」が一八〇万枚の大ヒットになったと報じられても、大衆というのはそういうものかと思った程度の感想だった。

晩年は哀れであった。大腿骨壊死《えし》という重病に侵され、その激痛を耐えながらも、観客には秘して「悲しい酒」や「川の流れのように」などを絶唱し、死ぬまで歌いつづけた。それは凄愴な最後だったと言う。これには感動した。

昭和天皇が死んだ年の一九八九年六月二四日に、絶命したが、国民栄誉賞が贈られたのはその二日後であった。「美空ひばりは下品ですから、嫌いです」と、わたしにきっぱり言ったことのある高峰秀子が、後の本のなかで、こんなことを書いている。

「わが国にも国民栄誉賞という立派な賞がある。平成元年、五十二歳で亡くなった美空ひばりさんへの国民栄誉賞の授与が決定されたのは、彼女の死後二日を経てからであった。彼女ほど国民大衆に大きな楽しみと活力を与えた歌手はない。私は演歌というものを全く受け付けないタチだけれど、そんな私ですら、彼女の長い歌手生活の、歌への情熱と努力と、大勢のファンを喜ばせたという、エンターティーナーとしての功績を、心から立派だったと思っている。」（『にんげん蚤《のみ》の市』新潮文庫、二〇一三）

あらためて言うまでもないが、好き嫌いはともかく、歌に注いだ美空ひばりの情熱と、その人気を、認めないという日本人はおそらく少ないに違いない。

小沢昭一

庶民の視点に徹した多才な芸能人

「お寒くなりました。お元気でいらっしゃいますか。「意見広告」のお手紙ちょうだいいたしました。いろいろとご苦労さまでございます。十二月八日は仕事で東京におりませんので参加出来ませんが、矢崎さんたちからもお通知を頂いておりまして、本日、わずかですが、十万円ふりこみました。どうぞよろしくお願いいたします。お身体ばかりはお大切にお過ごしください。再拝。」

小沢昭一さんからの一九八四年（昭和五九年）一二月六日付けのはがきである。わたしが「日本はこれでいいのか市民連合」の活動をしていたころのもので、開戦記念日の一二月八日に反戦集会をやるから出席して挨拶してほしいと依頼をした返事だと思う。小沢さんが親しい矢崎泰久、中山千夏さんら狭間《はざま》組も協力してくれていた。狭間組とは間が狭い、仲の良い二人という意味だろうかとわたしなどは思っていた。

そのころわたしたちは親密だったのだ。一九八四年は自由民権運動の華といわれた秩父事件――秩父郡から発した一万人近い困民の武装蜂起から一〇〇年というので、東京や秩父市でも記念の行事が計画されていた。自由民権百年記念全国集会の呼びかけ人であり、代表の一人にもなっていたわたしが、運動をもりあげるため小沢昭一さんに、この事件の劇化、主演をお願いしたのである。

そのときのやりとりはよく憶えている。かれが躊躇したのは、ドラマ化するのはよいが女がいないと困る。それでは私の芝居にならない。事件に秩父困民党の主役級の女がいて、イザというとき胸を開いて、おっぱいをバッと出す、と実演してみせ、こんな風に立ち上がるという風じゃないと、わたしのような芸人の出幕はない、と。もっともな話だと思って、そのときはわたしも諦めた。

その前年の夏にも手紙をもらっている。その方は国立歴史民俗博物館のイベントに大道芸を見せたいのだが協力ねがえないかという、わたしの頼みへの返事である。その日、小沢さんは忙しくて来られなかったが、かれの知りあいの三河万歳《みかわまんざい》の一座や大道芸人たちの実演を斡旋してくれた。これは当日の観衆に大歓迎された。一九八三年の日記にある。

「江戸の祝福芸は古式にのっとって復元上演してもらったが、お膳立てをしてくれた小沢昭一さんに感謝している」と。芸人たちも国の歴史民俗博物館のお祭りで披露できるというので張り切ってくれたのだろう。「万歳」は三河万歳家元の若杉平正、範義さん。「大神楽」は水戸の水府神楽の家元、柳貴家《やなぎや》正楽社中の人びとで、バラエティに富み、じつにおもしろいものであった。

獅子舞という代参神楽、放下芸《ほうげ》（曲芸）とセットで観客を楽しませてくれた。放下師の技も見事であった。大道芸から伝統芸まで幅の広い小沢昭一ならではの企画であった。当時、わたしは「歴博」の初代館長井上光貞と親しく、顧問役をしていた。

その後も小沢さんとの友情はつづいている。一九八六年四月二六日の手紙は、わたしが千葉の作家林清継の壮大な波瀾万丈の戯曲を上演してほしいと、小沢さんに依頼しておいたことに対する返事である。

老樹に抱きつく晩年の小沢昭一

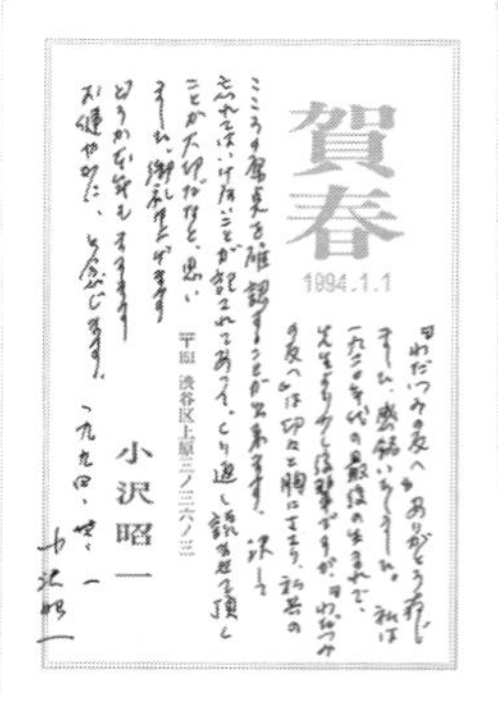

小沢さんからの葉書　1994

「実はずっと気になっていたのですが、お世話頂きました林清継様の戯曲原稿であります。何とも申し訳のない次第でありますが、私どもの劇団も以前とちがって小規模となり、あまり登場人物の多い芝居は当分やれそうもないことがはっきりしてまいりました。すっかりおそくなり、しかも、ただご返却申し上げるだけで、とても心苦しいのですが、お役に立たなかったことをおわび申しあげます。――どうかお許しください。再拝。小沢昭一」。

几帳面な人なのである。

わたしは井上ひさし作のひとり芝居「唐来参和《とうらいさんわ》」をもちろん見にいっているし、一万回以上つづけたというTBSラジオの「小沢昭一的こころ」も愛聴していた。

小沢さんは一九九八年、前立腺がんを患い、闘病を余儀なくされる身になったといわれるが、芸能活動や取材の旅を止めなかった。わたしは同じ年、肝炎を悪化させて五〇年住んだ東京を離れ、山村に移住した。それを聞いて心配したのか、かれはわたしにたくさんの著書やDVDを送ってくれた。

畢生の学術書ともいうべき労作『ものがたり芸能と社会』（四一六ページの大著、白水社、二〇〇七）のほかに、『新日本の放浪芸』（DVD　VIDEO　二〇〇一）、『小沢昭一百景』（全六巻、随筆随談選集、晶文社、二〇〇三)、『昭和―平成　小沢昭一座談』(全五巻、晶文社、二〇〇七)、『昭一爺さんの唄う童謡、唱歌』(CD　二〇〇八)などが著者謹呈として贈られてきた。療養中のわたしを慰める心遣いをしてくれたのである。

なぜ小沢さんがここまでしてくれたのか。かれは徹底して庶民の立場に生きた人であり、わたしも庶民の視点にたって歴史研究をし、また社会や権力の不正を批判する行動をしてきた人間だったからであろう。いつのころからか同志的な友情が二人のあいだに流れていたのである。

役者にして無類の「語り芸の名人」、全国各地の伝統芸、放浪芸、大道芸の記録者にして研究者、実践者でもあった人。落語家からさえ「生き字引」のような方と慕われた稀有な存在を喪った損失は計りがたい。

二〇一二年一二月、小沢昭一歿、八三歳。

新劇に尽くしたひとびと

下村正夫

チェホフを愛し戦後の新劇界に生きた演出家

下村正夫ほどチェホフを愛した新劇人はいないだろう。それなのに一度もチェホフの「かもめ」も「叔父ワーニャ」も「三人姉妹」も「桜の園」も演出する機会に恵まれずに死んだ。チェホフの短編を脚色、演出したことはあり、『チェホフ―ヴォードビル集』（八田元夫との共著、未來社）も出してはいるが、最晩年のチェホフの代表作を舞台にかけることはできなかった。

モスクワ芸術座が大挙して来日し、本場の「桜の園」などを東京で公演したときも、かれはかぶりつきで涙を流しているだけだった。その慚愧さがわたしには骨身にしみて判る。そうした親近感をわたしは下村正夫に保っている。

下村正夫は戦時下の著名な政治家で新聞人、下村海南の長男である。だが、この大物の父を忌避し、大学を出るとすぐ劇団東芸に走った。世にいう河原乞食の境涯にである。東芸の土方与志《ひじかたよし》に師事し、「人形の家」の演出助手をつとめている。

一九四八年（昭和二三年）には劇団民芸の文芸部員となり、「破戒」や「山脈」などの企画を担当、木下順二などを知る。四九年七月、民芸（第一次）解散と共に「ぶどうの会」の講師となり、チェホフ論などを講じていた。

新協劇団から自立した若手の労働者出身の俳優志願者や演出の三木順一らが新演劇研究所を創立したのは一九五一年である。三木順一とはわたしのペンネーム。三木らは研究所の指導を土方与志や八田元夫、下村正夫や瓜生忠夫らに仰いだ。三木が病気で去ったあとは、一世代若い下村、瓜生が中心となり、新演を指導した。

稽古中の下村正夫（左）

新演は一九五三年、下村演出の「真空地帯」の公演で早くも毎日演劇賞を受賞、好評の作品を持って関西の地方巡業をしたりして、順調な滑り出しとなる。父下村海南の死去は五七年。一九五九年、新演解散のあとは八田元夫と東京演劇ゼミナールを創立、スタニスラフスキーの演出術の研鑽に入る。山田五十鈴が下村を慕って接近したというのはこの頃であろう。

その頃、チェホフを舞台にのせるチャンスが一度だけかれに生まれたというのだが、あてにしていた俳優たちがテレビや映画出演などを優先したため実現しなかったという。演出助手をしていたトコ（常世田《とこよだ》令子）の証言がある。

下村には一九五六年に岩波新書に書き下ろした『新劇』という名著がある。執筆中もかれは口からタバコを放すことのないヘビースモーカー

下村演出のデビュー作となった「真空地帯」（1953）
内田良平（左）と相川史朗

で、ニコチン中毒になり、かれの死期を早めた。結局、かれは肺がんで斃れ、一九七七年七月、六四歳の若さで死ぬ。最後の著書『転形期のドラマトゥルギー』（未來社、一九七七）を残して。

病床の下村をはげまそうと新演の仲間たちが集まったときの写真がある。そこには内田良平も杉浦直樹も岡部美代も写っている。平井みのるや三条三輪《みわ》の影もあった。どうしたわけか私の映像はない。

生々しい記事はわたしの日記に残されている。一九七七年七月一一日だ。水俣調査団二年目の超繁忙のさなかである。

「昼ごろ突然女の声で電話がかかり、下村正夫さんが昨夜亡くなったと報せてくる。昨夜、未明ごろわたしは寝ていて、なんども起こされる夢を見ていた。一度はドアのノックに返事をした。もう一度はたしかに左の肩を引かれた。右向きに寝ていた私を肩に手をかけて引くものがあった。見渡したがだれもいない。瀕死の床にある父がまた呼んでいるのかなとおもった。ところが、その時刻、下村さんが死んだらしい。」

晩年、彼はしきりと私を呼んでいた。人懐かしさが昂じたのだろうか。八田元夫さんが亡くなる前から、しきりに彼は私と話したがっていたのだ。わたしがかれの退院を祝って、長文の見舞い状を出したことがきっかけで、一度、芝居に招かれ、六本木の店で内田良平らと五人で談笑したことがある。そのとき楽しそうにしていたのだが、それが最後になった。

八田さんの葬式のときもわたしは逢えなかった。忙しさのせいにして、下村さんの想いに十分こたえなかった。先日の芝居の招待にもこたえず、大冊の新著へのお礼もさしあげないうちに死なれてしまった。そのあとがきが今となって胸に沁みる。

「この本を私のよき同志で、よき伴侶であった遠藤暁子《ときこ》に捧げる」、そしてわたしの名も記してあった。その出版記念会にも出られなかったことへの心残りが、今朝未明、わたしの肩をうしろに引いた夢になってあらわれたのであろう。

辛く悲しい。下村さん、あなたがせめて苦しまずに演出の仕事の最中に斃れられたということだけが、救いである。それこそあなたの最後にふさわしかった。七月一三日、告別式に参列、焼香し、献花し、熱い日射しの中に立ちつくした。弔問の席に、内田良平、小松方正《ほうせい》、杉浦直樹らの顔が見えない。老いた内田善彦さんがよろよろとあらわれた。

木下順二

激情を胸に秘めた抵抗の作家

木下順二さんについては以前、『追憶のひとびと』に発表したことがあるが、書き足さなくてはならないことが多い。かれの山本安英《やすえ》にたいするプラトニックなラブや、たくさんの戯曲作品を貫くモチーフについて、などである。

木下順二さんとはテレビ朝日の「朝まで生テレ」でも、しばしば一緒に出演したが、面白いことにスタジオではいつも二人とも左翼に座らされていた。一九七〇、八〇年代、世界的に左翼が退潮していた時期だったからであろう。

テレビ局のトイレでよく打ち合わせしたものだ。今夜は西部邁《すすむ》を集中的に叩きましょうかとか。木下さんは外見の貴公子然とは違って、激しい思想の持ち主であった。戯曲作品にそれをあらわに出すことはなかったけれど、対談とか講演などでは驚くほど激烈であった。

一九八〇年代前半、わたしが「日本はこれでいいのか市民連合」の代表をやっていたとき、たまたま木下さんに川崎の市民集会での講演を依頼したことがある。抒情的な「夕鶴」や「山脈《やまなみ》」の作者である木下さんに期待して集まってきた聴衆はもちろんのこと、最後部の客席で聴いていたわたしさえ驚いて立ち上がってしまったほどだ。それほど挑発的で激烈な反戦抵抗思想の表白であった。

あらためてこの人を見直した。いかなる国家的栄誉を受けることも拒否し、左翼としての節操をつらぬいたからである。わたしは感動した。かれは元号法制化に反対し、小選挙区制に反対し、九条の会に賛同し、反戦平和のための意志を表現することをためらわなかった。


経歴を辿ってみよう。木下順二は一九一四年（大正三年）八月、東京本郷に生まれ、小学校はそこを出たが、郷里の熊本に戻り、第五高等学校を経て東京帝国大学文学部の英文科に入り、中野好夫教授のもとでシェイクスピア劇を専攻した。一九四七年『風浪』で岸田演劇賞を、一九四九年『夕鶴』、一九五〇年『山脈』などの秀作を生みだし、朝日賞を受けている。

「風浪」は熊本神風連の若者を描いた作品である。「夕鶴」は「彦一ばなし」などに連なる民話劇の傑作である。「山脈」はわたしに決定的な影響をあたえたドラマであった。

1954 年当時の木下順二

一九五二年から明治大学で教えているが、劇団「民芸」の宇野重吉らと組んで日本の新劇に名作を提供しつづけた。「オットーと呼ばれる日本人」「神と人とのあいだに」「子午線《しごせん》の祀《まつ》り」などがそれである。「夕鶴」以来傾倒してきた山本安英にたいしてはそれらの名作を通じ、深い慕情を抱くようになる。
「オットーと呼ばれる日本人」では尾崎秀樹らゾルゲ事件を、「神と人とのあいだに」では東京裁判を裁いており、きわめて現代的な問題意識をもったものであった。このような劇作家をわたしは知らない。二〇〇六年一〇月、かれは老衰で九二歳の生涯を閉じたが、最後まで付き添っていた婦人は木下の養女新藤とみ子であった。

わたしは偶然、本郷弥生町でこのふたりを黙送した。そのとき目を見合わせ、木下は相手がだれかを認識していたが、立ち止まろうとしなかった。それは、あまりにも病み衰え、無残な思いがあったからであろう。これが永訣となった。

山本安英

「夕鶴」を演じつづけた名優

この人は木下順二の名作「夕鶴」を生涯かけて千回も上演した新劇界稀にみる名優である。木下さんと親しかったわたしが知らないはずがない。それなのに安英《やすえ》さんとは一度も話し合う機会を持たなかった。もちろん、わたしは千回目の舞台を鑑賞している。

それは一九八五年（昭和六〇年）四月二五日の夕べであった。わたしは勤務校の授業を終え、砂防ホールに駆けつけていった。彼女の演技は期待以上で、最後に夕映えの空にとびたってゆく鶴、その「つう」の別れの場はひどく優しく美しいものであった。その名演技には非の打ち所がない。臨席の婦人が泣いていた。わたしも不覚にも涙を誘われた。

ひとりで来て、ひとりで帰る。「安英さん、今生の別れでしょうね」とつぶやきながら。安英さんはそのとき八四歳であったから。だが、彼女はそれから六年、渋谷のセゾン劇場で「子午線の祀り」を演じ終わるまで生きていた。木下順二作の群読劇である。その翌年、一九九三年一〇月、満九一歳を目前にして逝った。

山本安英さんはわたしが親しかった北林谷栄さんと同年である。北林さんに言わせると山本安英という女は、「夕鶴」の楚々としたイメージとは違い、伝法肌の、あぐらをかいて大酒をあふるような江戸っ子気質

山本安英（1954）

の持ち主でもあったという。そういえば安英さんは東京神田の生まれ、谷栄さんも生粋の東京生まれ、山脇高女の卒業生だ。ふたりとも長命で、谷栄さんは九八歳まで生きていた。

山本安英、本名は千代、一九〇二年（明治三五年）生まれ。初舞台は一九歳のとき、市川左団次一座の帝劇興行、小山内薫原作の「第一の世界」に出演した時だという。その小山内が土方与志《ひじかたよし》とともに築地小劇場（一九二四年）を創立すると、その第一期生として参加、同期生に東山千栄子、岸輝子、田村秋子、千田是也、薄田《すすきだ》研二、滝沢修らがいた。小山内、土方から教えを受ける。この人たちが日本の新劇の基礎を築いたのである。

一九二八年に小山内薫が死んで、劇団が分裂するまで、山本安英は「築地の娘」として多くの演目に主演した。

一九二九年、新築地劇団が創立されるや、それに参加。折からのプロレタリア文化運動の嵐のなかで活躍したので、村山知義《ともよし》らの左翼劇場、新協劇団などの一翼と見なされ、特高警察ににらまれ、一九四〇年、治安維持法違反によって解散させられた。その後、安英たちはＮＨＫにあった東京放送劇団養成所の講師などをしながら、戦時下をすごしたという。

戦後、木下順二らと「ぶどうの会」を結成、あたらしい旗をかかげる。一九四九年、木下が安英のために書き下ろした「夕鶴」に主演して、名優としての座を確立した。その舞台には谷崎潤一郎までが絶賛したという。

一九六四年、「ぶどうの会」が解散すると、「山本安英の会」を主宰し、「夕鶴」の上演と「ことばの勉強会」に全力を傾けた。彼女の美しい日本語とその発声の勉強への執着は、二六年間にわたり、勉強会は二七九回もつづけられた。招かれた講師はのべ三五〇人にも及んだという。

そうした努力が山本安英を卓越した朗読家とし、晩年の群読劇「子午線の祀り」の芸術性に結晶したのである。

このひとほど美しい日本語の美しい発音にこだわりつづけた人はいない。「夕鶴」の公演も一九八六年までの三七年間に一〇三七回という大記録を打ち立てた。日本の文化事業に使命感をもって努力しつづけた人だったのである。

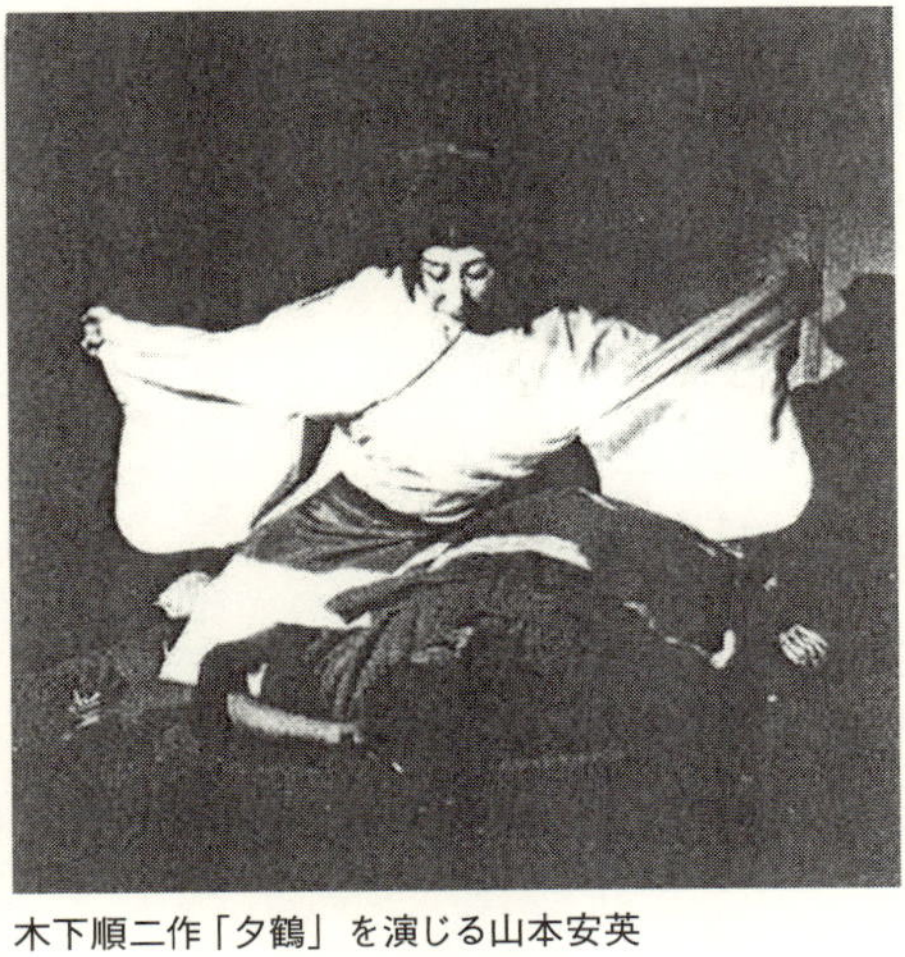

木下順二作「夕鶴」を演じる山本安英

珠枝ちゃん

「新演」の〝物故者を偲ぶ会〟に出て

今からでは大昔になる一九五〇年（昭和二五年）に、わたしたちが新協劇団から独立して、下村正夫、瓜生忠夫、内田善彦氏らの協力、指導を得て、新演劇研究所を発足させたことがある。

それから三五年後の一九八五年、わたしたちは生き残りの関係者に呼びかけ、「新演の物故者を偲ぶ会」をひらいた。呼びかけたのは、わたしと小松方正《ほうせい》と寺島幹夫と左近丞洋《さこんじょう》である。そのときの詳しい様子が一九八五年四月二八日の岩波手帖に記されていたので、それを紹介しておきたい。

わたしは新演劇研究所の初代運営委員長。小松方正の開会挨拶につづいて献杯の辞を述べる。ゲストに内田善彦、野間宏、鈴木政男、瓜生孝雄ら。三四年ぶりに逢う顔もあった。六時半までの予定が八時半まで延びたのは、四〇人全員がその後のことを話したためだ。

野間さんも長い話をし、「新演の記録を残してくれ」とわたしたちに言われた。内田さんは死者たちにゲーテのファウストの詩の一節を献じて、感銘をあたえた。

勤労者出身の者が多かった新演を、導き、支えてくれた土方与志、瓜生忠夫、下村正夫、八田元夫、みな故人となり、最初の研究生だった内田良平、相川史朗、千曲与六、荒木陽之助、丹羽桃子らも死んでしまった。小松方正が発起し、遠藤暁子《ときこ》（エントキ）が奔走してこの盛会をもたらしてくれたが、隙間風が吹いているような感じもあった。

京都から出てきた尼僧岡部美代（法瑛）がわたしに抱きついて放さない。見ていると、誰にもそうしている。お美代らしい。野間さんの突きでた腹までなでている。珠枝ちゃんの美しく、衰えていないのには驚く。お美代までが「タマエはまだ鑑賞に耐える」などと言っている。当時の亭主だった小松方正を捨ててバーテンと駆け落ちした当のタマエが、皮肉にも方正の隣に座ってしまったのは気の毒だった。わたしが行って慰める。すべては昔の話だよ、歴史になったのだよと。

その晩の珠枝ちゃん（前列右端）中央は野間宏、その隣り鈴木政男

二次会は内田良平の娘のいる浅川美代子さんのうどん屋にゆく。良平の娘たちのかわいいこと。そこでもタマエ、お美代、三条美輪《みわ》、エントキ、野間さんらと話に花が咲く。みんなそれぞれが新演時代の志と経験を生かして、その後の人生を歩んでいたらしい。今も一五人ぐらいが演劇関係の仕事で生きているとか。

吉沢京夫は吉沢演劇塾を、森本博は東京照明に在籍。三条美輪は俳優養成の虹の会、寺島幹夫は俳協のステージ、市岡京子は岩下志摩プロ、声優クラブ、山崎愛子や常世田令子は著述活動、金子静江は作曲をと、みなそれぞれ演劇に関係する仕事で頑張っている。岩崎綾子は亭主を助けて俳優の現役だという。

帰り道、珠枝ちゃんと歩きながら、身の上話を聞いた。あれから毎月のように芝居を見に通ったという。忘れることができなかったので、と。二人の娘を育てながら、二五年も、小学校の事務職員として働きながら、と。わたしは涙がこぼれそうになった。

あの「偲ぶ会」からでも、さらに二八年経つ。いま、生き残っているものは何人いるだろう。一度でも青春を新劇にささげたものの追憶は、何年経っても消えることはないのだ。そのことをこの仲間たちの存在が証明している。

原　太郎

「海つばめ」から「わらび座」まで波乱の音楽家

　原太郎さんは戦前は日本プロレタリア音楽同盟の書記長などをしていて、弾圧を受けたこともあるが、作曲家として壮大な交響曲を作曲したこともあるという音楽家だった。東北大学の学生だったころ、西洋音楽をまなんだという。一九〇四年（明治三七年）三月に生まれ、一九八八年（昭和六三年）に死去している。晩年の三〇年ほどは秋田県田沢湖町の「わらび座」の座長として安泰だったが、それまでの半生は波瀾万丈であった。わたしはその彼と戦後すぐの楽団「海つばめ」の時代から熱い交流があった。

　わたしが一九五一年に新演劇研究所の仲間と当時はやりの文化工作隊をはじめたとき、同じメンバーの佐々木直をつうじて原と知りあった。佐々木はフルートの奏者で、原太郎の移動楽団に協力していた。わたしは素人《しろうと》、原は玄人《くろうと》。そのころの彼は四〇代の終わりなのに、髪は白くなりかかっていた。舞踊家の雨宮《あまみや》すみえと文工隊「海つばめ」をつくってニコヨン（日当二四〇円）といわれた日雇い労働者たちの現場や品川あたりの町工場を回っていた。

　わたしは党のオルグとして一時かれらと行動を共にした。あるときは印刷機械の上で踊った。一緒の蚊帳に雑魚寝《ざこね》したこともある。雨宮すみえは原のわきに寝ていた。この人が踊ると豊かな女体から色気が匂うよ

わらび座を訪ねて原太郎さんと

うで労働者たちから人気があった。

なぜ、「海つばめ」か、ゴーリキーの詩「海燕」から名付けたという。一九四九年六月からはじめたという。構成員は流動的で五人になったり、雨宮との二人に戻ったりした。収入は少なく食べるのがやっとだったという。そのころはみんな貧しかった。

劇団からは演出や創作もやる平井みのるが一時手伝った。出し物は日本民謡集や風刺的な寸劇など、朝鮮民謡もうたった。原太郎のアコーディオンの演奏、佐々木直のフルートの伴奏、雨宮の踊り、これらは工場労働者やニコヨンたちから喜ばれ、「ニコヨン楽団」とも呼ばれていた。

当時の原太郎さんは、もちろん日本共産党員、それも戦前からの筋金入りだ。この時期には芸術家の党員は珍しくない。一九五〇年、ＮＨＫの楽曲懸賞募集で特選に選ばれた芥川也寸志と団琢磨も党員、五一年の『壁』で芥川賞におされた安部公房も党員だったと聞いた。その他、党員文化人は画家、作家、俳優、音楽家、評論家など数百人もいたろう。そういう時代だった（占領軍によるレッドパージで離散させられたが）。

原さんたちの「海つばめ」も弾圧され、一時、北海道に逃れ、「ポプラ座」として巡業していたが、一九五三年に秋田の田沢湖畔に定着した。占領軍（ＧＨＱ）支配から独立した後、名を民族歌舞団「わらび座」と改め、全国を巡回公演するようになる。かれらが新宿の劇場で上演したとき、わたしは熱烈に歓迎した。

団員の横山茂《しげる》君たちとも再会することができた。

それから二〇年ほど経た一九七四年八月、わたしは改めて根拠地田沢湖町のわらび座大劇場を訪ねた。そして、銀髪になった原太郎さんと抱きあって再会を喜んだのである。聞けば、百人を越える楽団員とその家族が共同生活をしているという。かれらは幾班にもわかれ、地元の学校などを巡回公演したり、東北の民謡や伝承を掘り起こすなど、がっちりと大地に根をおろす仕事をしていたのである。

原さんは大食堂に招き、楽団員を集めて、わたしにも話の機会をあたえてくれた。あらためてこの数奇な音楽家の波乱の生涯を振りかえることができたのである。

映画や美術、劇作で活躍したひとびと

大島　渚

戦闘的な映画監督

この人とは、一九八七年（昭和六二年）から始まったテレビ朝日の「朝まで生テレビ」の常連として何度も同席した。わたしがこれによく出演したのは、「ことばの格闘技」といわれる面白い番組だったからだ。

存命中の昭和天皇の戦争責任論から靖国問題、部落差別問題まで、タブーなしで左翼、右翼、リベラル派、面と向かって徹夜で論争しあえる深夜の解放区といわれていた番組だった。

その常連のひとりだった大島渚は戦闘的なリベラリストで、鋭い弁舌と蛮声で、社会の矛盾を告発し、司会者などにも食ってかかっていた。司会の田原総一郎が「バカヤロー」「意気地無し」と怒鳴られるのが怖くて、大島にはブレーキをかけられなかったという。田原は他の論客には遠慮なく、話の腰を折るような急ブレーキをかけつづけていたのに。他の論客に西部邁《すすむ》、舛添《ますぞえ》要一、野坂昭如《あきゆき》、辻元清美、野村秋介らがいた。

なぜか、その大島がわたしには一度も怒鳴ったことはなかった。長丁場の徹夜の討論だから、かれはウイスキーなどをあおり、途中で眠りこんでしまったこともあったが、目がさめると突然論敵にくってかかっていた。わたしが正面きって今の天皇制なんか廃止してしまえと主張しても、大島に吠えられたことはなかった。

大島がまだ二〇代のころ、かれの京大時代の同級生で、劇団関係の友人吉沢京夫《たかお》や速水《はやみ》一郎らからわたしのことを聞いていたのかもしれない。かれらはわたしより七歳年下の仲間であった。

わたしは大島渚のことはかれの「日本の夜と霧」から知っている。わずか二七歳で告発調の「青春残酷物語」（一九五九）などを監督し、吉田喜重、篠田正浩らとともに「松竹ヌーベルバーグ」の旗手とうたわれていた。その大島が、一九六〇年の「日本の夜と霧」で、不当な政治の介入をうけ、わずか四日で上映を中止され、松竹から訣別するという問題作だからだ。

だが、かれの同級生たちが劇化して、翌六一年に舞台に乗せた。劇団新演の「六・一五記念公演」である。これに外野からわたしは関係した。ここに一冊のパンフレットがある。岡本太郎が裏表に銀箔をぬり、その上に大胆なデザインをし、奔放な墨筆をふるった豪華なもので、このパンフに大島渚も、演出の吉沢京夫、脚色（劇化）の速水一郎も寄稿している。みんな京大の仲間だ。

わたしは各界からひろく著名な賛同者をあつめ、年表をつくって提供した。そのうち四〇名余の中には、丸山真男、谷川雁、寺山修司、羽仁五郎、神近市子、清水幾太郎、竹内好、木下順二、鶴見俊輔、埴谷雄高、山本安英らの名前もある。全学連の唐牛健太郎や北小路敏らも推薦している。ナチスによるアウシュビッツの闇黒を描いた『夜と霧』ではないが、日本の闘う学生たちの苦悩の内面をえぐり出して、時代の最先端を表現するものとの期待を集めた。原作者の大島渚は書いている。

「『日本の夜と霧』の主題は、日本の反体制運動内部の体制とも言うべき部分にメスを入れるということに尽きるのである。そして、これは人間を状況によって深くおかされているものととらえ、それによって、人間の状況に対する新しい関係位置を示し、その主体の責任を追及するという、私の一貫した問題意識と方法による作品群の、もっとも尖鋭な一角をなすものであった。」と。

大島渚

「今の党が政権をとるんなら、革命なんか来てほしくないわ」。これは劇中一人物のセリフであるが、一九五〇年代の学生闘争の内面をえぐる「日本の夜と霧」を演出した吉沢京夫は、日本共産党の内的体質が問題であったとズバリ指摘している。吉本隆明が『擬制の終焉』を書いて、ニセ前衛を糾弾した一九六〇年安保闘争の総括につらなっていたのである。

大島渚はその一歩前をあるいていた。

かれは天才肌で、その後、創られた作品は、一作ごとに次元の違う世界を開いてゆく感があった。松竹を去ったあと、独立プロ創造社を旗揚げし、「白昼の通り魔」や「少年」という問題作を送りだしていたが、とくに一九六八年の「絞首刑」は同世代の篠田正浩監督に衝撃を与えている。

「日本アート・シアター・ギルトを拠点にして、驚くべき低予算で『絞首刑』を作った。在日朝鮮人Rの殺人事件を巡る裁判、死刑執行の混乱を描くことで、日本という国家が内包する矛盾や悪が暴露されてゆく不条理劇は、わたしの二度目の衝撃となった」と。

そして、創造社を解散したあと、大島作品は国際的な高い評価を受けるようになる。一九七一年の「儀式」、一九七六年の「愛のコリーダ」「愛の亡霊」、一九八三年の「戦場のメリークリスマス」で世界中の喝采を浴びる。一九九六年、脳出血に倒れたが、女優で妻の小山明子に助けられ、凄まじい迫力のある時代劇「御法度」を完成させて、世間を驚かせた。

その後、再び病に倒れ、小山明子の一二年に及ぶ手厚い介護を受けていたが、二〇一三年一月一五日、八〇歳で死去した。奇しくも愛妻が一八年ぶりに舞台復帰する前日であったという。

内田　巌

新制作派協会を設立した革新的な画家

内田巌《がん》は一九〇〇年（明治三三年）二月、東京牛込に内田魯庵の長男として生まれた。魯庵は明治の不屈な社会批評家、文学者で、透谷、二葉亭などと同時代者であった。巌もその父の気質を受けついだのか、中学時代に不正に抵抗して放校処分となり、転校して早稲田中学に移り、絵にめざめたという。教師に会津八《や》一《いち》、先輩に鶴田吾郎や中村ツネらがいた。

その後、東京美術学校に入って藤島武二に師事してみたが、精神の彷徨がつづき、マルクス主義やキリスト教に迷い、あげくはニヒリズムにおちいっている。一九二六年に美校を卒業、画家としてはローランサンやマイヨールやピカソなどに憧れていたようだ。翌二七年吉居《よしい》静子と結婚。ふたりのあいだにはロマンスがあった。

一九二三年夏、関東大震災の年、まだ美校の生徒だった巌は、妹の友人吉居静子（府立第三高女在学中）とめぐりあい、人生への迷い、煩悶から抜けだしてゆく。

巌はこの少女の肖像をカラフルな水彩で描き、その下に短い文章を添えたものを、八一枚も贈っていた。後年、『内田巌青春譜―巌から静子へのラブレター―』（二〇〇四）として三女の内田絢子によって出版された。

その調子はこうである。

「昨夜は失礼。君の好きなマリーローランサンのイミテーション、色調は違ふようだけれど……何よりも健康であるように。いくら好きでもローランサンみたいに〝はかなく〟ては困る。ピカソやマイヨールのようにボリュームが。……」

「旅舎の窓から。これは静かな夜だ。上諏訪の旅舎を取りまく静かな夜だ。活動の楽隊らしい山国の町の夕べにそいつを聞いた。山間のみすぼらしい停車場にふと気にとめた危険信号、トンネルだ又トンネルだ、名にしおう笹子峠を汽車は馳せ行く。

湯あがりの足のぬくみにふとふれし　あがりまぐちの白きなめいし」

かれは静子と結婚三年後の一九三〇年にパリに遊学、三二年に帰国している。ナチ台頭以前の平和をパリで満喫享楽する。そのパリから帰国して、ひどい文明の落差を感じる。その心境は同じ境遇だった高村光太郎と共通していたに違いない（『智恵子抄』）。

一九三六年、同志とともに革新的な新制作派協会を設立する。こうした時代の内田巌をわたしは知らない。わたしが知ったときは、かれは著名な洋画家であり、敗戦直後の日本共産党の躍進時代（文化人が雪崩れを打って入党していたころ）の党員であった。

わたしが貧窮に苦しんでいた世田谷民主商工会の書記時代（一九四九～五一）に、内田巌夫妻は、若い同志としてわたしを温かく迎えいれてくれた。そのころのことを拙著『カチューシャの青春』（小学館、二〇〇五）に、こう描写している。

「一九五〇年一月一日　なにか起こりそうな年あけであった（当時、日本は米軍による占領下で、六月には朝鮮戦争が勃発した）。その元旦も、いまにもみぞれが落ちてきそうな曇り日だった。朝から下宿の部屋で憂鬱に引きこもっていたが、経堂細胞の集会場である内田巌さんの邸に思い切って行ってみた。玄関先で路子ちゃんにそっけなく迎えられ、一瞬ためらったが、来合わせた小高根さんの奥さんにあたたかく導きいれられた。

家には早稲田大のロシア語科学生の理沙子《りさこ》ちゃんと、路子、絢子の三人姉妹がいて、広いアトリエでピアノでも弾いていたのだろう。そこに巌さんが帰ってきた。ほろ酔い加減だ。世田谷地区委員の中野君もやってきた。これもだいぶ呑んでいる。そして、少し遅れて小高根《こだかね》太郎さん（『富岡鉄齋研究』の著者）が入ってきた。やっと懐かしい気分になる。

巌さんの弟で二階に同居している建築家のあつしさん、それにナイツと愛称されている夫人も加わり、主の静子さんもあらわれて、部屋はにぎやかになった。みんな同志である。和室の大きなこたつに移動し、新年の祝杯をあげ、今年の抱負を述べ合い、談笑したあと肩寄せあって合唱をはじめた。

歌は世界中の名曲にひろがったが、なかでも理沙ちゃんがリードしたロシア民謡「バイカル湖のほとり」や「ステンカラージン」「どん底の唄」などの四部合唱はこころに沁みる、ほんとうに美しい。

唄いつかれると、出されたキントンやごまめをつつき、そばをたべ、そのあとみんなで二組に分かれて、ジェスチャー遊びや即興の芸を披露した。わたしの無粋な泥臭さも、この雰囲気のなかで淡雪のように融けていった。これが共産党員たちの寄り合いだといっても、すこぶる上流に属するものであろう。まだ、日共が戦時中に反戦、抵抗をつらぬいた党として尊敬され、一九四九年一月の総選挙で大勝利し（衆議院で一挙に三五人当選）、知識人がなだれを打って入党していた上げ潮の時代であった（占領軍からレッドパージされ、暗転するのは、朝鮮戦争が始まった一九五〇年後半以降）。

内田巌（1947）

巌さんが得意のパントマイムを披露する、小高根さんは踊りだす。余興に疲れると、しづさんとナイツに間食をつくってもらい、みんなコタツで輪唱をはじめる。間をあけず、それぞれ得意の歌を独唱して、たらいまわしする。

夫人のしづさんはわたしたち若い同志をわが子のように愛してくれた。わたしが箸をつけた蕎麦も平気でたべる。巌さんはときに鋭いが、温かいおおらかな人で、へだてなく遊ぶ。親譲りの高い教養と優しさ、そして社会変革への情熱、日本にもこんな家庭があることを誇りとしなくてはなるまい。久板《ひさいた》栄二郎が描いた『親和力』底抜けの開放的な家族が、ここにオアシスのように存在していた。その一員としていられることを、わたしは幸せとおもう。

ここにいるのはみんな社会意識を共にする仲間なのだ。一年間、おなじ居住地の「細胞」に集まり、国家権力の宣伝攻勢に抵抗してきた。三鷹事件が起こったときは夫人のしづさんといっしょに街頭に立って真相を訴え、カンパや署名をあつめて歩いたし、戸別訪問で市民から浴びせかけられた屈辱にもひとしく耐えた。時がかならず真実を明らかにしてくれると信じて。

最後にみんなで「バイカル湖のほとり」をきれいな二部でうたい、「インターナショナル」の大合唱をして別れた。」

内田巌が亡くなったのは、それから三年後の一九五三年七月のこと、まだ五三歳でしかなかった。巌さんは食道がんを患っていた。わたしはその年、巌さんの所得税の減額修正申告などを手伝い、鄭重な礼状をもらったりしていたので、よく憶えている。

この年は親しいひとに続々と死なれた。五月一三日には戦前からの無二の親友青村真明に死なれ、その月の二五日には粕尾村でたいへん世話になった大塚正主郎さんと金子しうさんに相次いで死なれ、ショックを受けていた。その直ぐ後だったので、巌さんの死はこたえた。わたしは七月一七日の『アカハタ』に「巌さんを想う」という哀悼の文を発表した。

平山郁夫

シルクロードに百回は行ったろうという日本画家

著名な日本画家である。日本美術院院長や東京芸術大学の学長を二期もつとめ、ユネスコの親善大使として、世界中の壊れかかっていた文化遺産の保護に尽力した等々の功績で、文化勲章を受けた人である。

広島県瀬戸田町、いまの尾道市に一九三〇年（昭和五年）に生まれ、二〇〇九年に死去している。広島市名誉市民、自宅のある鎌倉市名誉市民、平山郁夫シルクロード美術館のある北杜市名誉市民として表彰されてもいる。わたしがここに取り上げるのは、北杜市大泉町の住民として、平山夫妻に親愛感をもつ故である。この町には平山郁夫通りまである。

この人は一九五二年に東京美術学校を卒業と同時に助手になり、後に東京芸大の教授、学長にまでなった秀才で、夫人とは同窓である。二人とも中央アジアの旅が好きで、シルクロードやその方面には百回くらい取材しただろうという。わたしも二〇回ぐらい行ったことがあるので、親しみを持てた。

今、本人の名前がついた北杜市のシルクロード美術館にはたくさんの収集品が展示されている。そこには重文級の逸品もある。この館は季節ごとにテーマを変えて、いろいろな美術品を展示してくれるので、山梨県ばかりか、日本中に知られるようになり、わたしなどなんども足を運ぶ楽しみをあたえられている。

平山郁夫は二〇〇九年一二月に七九歳で死去したが、かれの画題にみられる仏教文化への傾倒や、平和への深い祈りは、著書によると、少年時代の広島での被爆の体験に由来していると言われる。かれの「仏教伝来」という大作を見ていると、そうした祈りが聞こえてくるような感慨をおぼえる。

一九九九年、小学館が『世界美術大全集―東洋編』第一五巻を出しているが、その月報に平山は「仏教伝来の道」について、次のような興味深い談話を掲載している。少し長文だがここに紹介しておきたい。

楼蘭の遺跡の仏塔の前でスケッチする平山郁夫（1989）

「シルクロードといえば、私は玄奘《げんしょう》がインドからの帰途に通ったという楼蘭に、ヘリコプターで二度行っています。ヘリコプターが着陸できるのは、風のない一一月前後が最適なのですが、夜などはテントの中でもマイナス一四、一五度、風が出ると体感温度はさらに下がります。タクラマカン砂漠の周辺をヘリコプターで何時間も飛び回りましたが、焼け跡みたいに立ち枯れたタマリスクの樹がダーッと並んでいました。昔、ロプ・ノールに水が溢れ、楼蘭の町に流れていた川が乾いた跡もありました。オアシスが壊されて滅亡したのか、水脈の移動で放棄されたのか、楼蘭の興亡もまた謎のままです。

仏像はガンダーラに発し、中央アジアからやがて西域に入り、中国を経て日本に到達しました。今、法隆寺や薬師寺、東大寺などに残る仏像の顔を見るとき、中国・唐の影響のさらに背後に、西域や中央アジアやガンダーラに思いを馳せると、仏の顔もまた新たな一面をのぞかせてくれるかもしれません。紀元前六世紀から日本の六世紀まで、一〇〇〇年の時をかけてリレーされてきた仏教マラソンを、歴史的な関連づけとともに考えるのも、日本人の国際化への一助となると思われるのです。」

佐藤忠良と朝倉摂

彫刻家と画家、仲良しの二人

この二人をわたしは三〇代のころから、「忠良さん、摂ちゃん」と呼んでいた。二人はたいへん仲良しで、いつもペアであらわれた。忠良さんは一九一二年（明治四五年）七月生まれ、摂さんは一九二二年七月生まれだから、一〇歳違う。それなのにいつも一緒だ。かれらも若かった。

一九五〇年代、当時、わたしは服部之總《しそう》の日本近代史研究会にいて、歴史画報の編集に参加しており、それに使う挿絵やカットなどを二人に引き受けてもらっていた。わずかばかりの稿料なのに続けてくれたのは、かれらも貧乏していたのだろう。このしごとは五、六年続いたように思われる。

挿絵ばかりではない。表紙も描いてもらったことがある。一九五四年五月に第一集が刊行された『画報現代史』創刊号の表紙である。その時の編集チーム四人の中にわたしもいた。忘れもしないその表紙には戦後を象徴する「廃墟の広島」（原爆ドーム）を描いてもらったのだ。忠良さんは摂さんとの合作だといって、それを編集部に持ってきた。その作品が『画報現代史』の出発を飾ったのである。

佐藤忠良は苦労人だ。宮城県の黒川郡舞野村（大和町）に生まれたが、六歳のときに父を亡くし、幼少年時代を母の実家の炭坑町夕張ですごした。一九三四年、東京美術学校の彫刻科を出たが、敗戦の四五年から四八年までシベリアに抑留された。惨めだったろう。こうした逆境と底辺での体験がかれの芸術を深くしていったのではないか。帰国後、彫刻家として認められたのは一九六〇年、かれ四八歳、第三回高村光太郎賞を受賞してからだ。

一九六三年、わたしは東北大学医学部の桂《かつら》教授の後を継いだ親友の葛西森夫を連れて、佐藤さんのアトリエを訪ね、桂教授の彫像制作を依頼したことがある。このとき、忠良さんはよい仕事が少なかったのか、たいへん喜び、即座に引き受けてくれた上、わたしにお礼として自作のブロンズの幼女像を贈ってくれた。聞けば、朝倉摂ちゃんの長女の亜子だという。

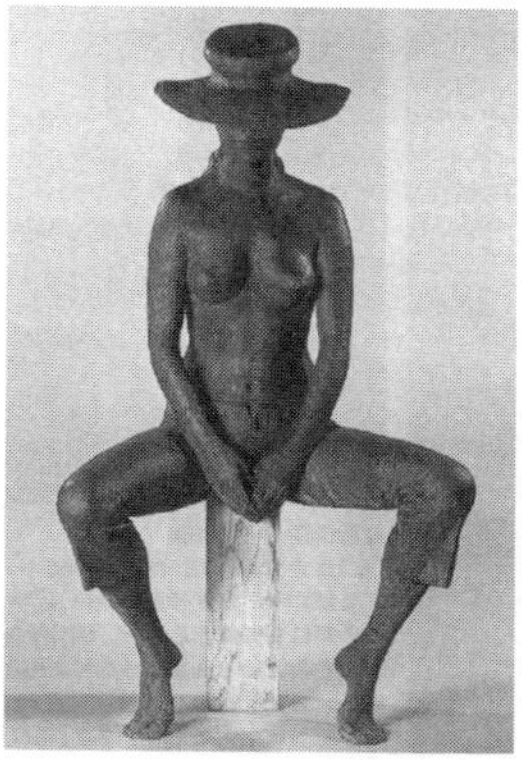

佐藤忠良「帽子・夏」(1972)

一九六六年、わたしが八王子市の郊外、元八王子に越した年、同じ元八王子の奥に東京造形大学が創立された。佐藤さんはその彫刻科の教授になって通勤してこられた。近くなので途中、わたしの家に寄ってくれたりして、再会した。摂さんも画家として手伝ったのではないかと思う。

それからは栄光の道を歩む。一九七四年、芸術選賞、文部大臣賞、八九年、朝日賞、その間にフランスのロダン美術館で主要作品を紹介した個展を開いている。一九九〇年には宮城県立美術館に佐藤忠良記念館が設立されたので、わたしも仙台に出かけていって代表作を鑑賞した。そのとき忠良さんは七八歳になっていた。それからかれは二〇年も長生きし、二〇一一年三月、大震災の三週間後に老衰のため、杉並の自宅で亡くなった。

俳優の佐藤オリエさんは長女である。「群馬の人」「帽子・夏」など人間愛にあふれた作品で、戦後の日本彫刻界を代表する存在だった。かれの作品には日本人の体つきや内面がリアルに表現されていた。わたしには佐藤忠良の朴訥な人柄がにじみ出ているように感じられた。

朝倉攝さんは一九二二年七月生まれだから、わたしより三歳年長。父は朝倉文夫、妹は彫刻家の朝倉響子、娘は文学座所属の（富沢）亞子（そのアコの像がわたしの家にある）。芸術家一家だ。攝さんは若いころ日本画家伊東深水に師事し、その作品で上村松園賞を得たこともある（一九五三年）。一九六〇年代になって舞台美術を中心に活動するようになった。一九七〇年渡米して外国の舞台美術をまなび、帰国してから舞台装置家として大活躍する。

この人は前衛劇の装置から古典オペラの舞台まで幅広く手がけたので、演劇好きのわたしは、恩恵を受けた。舞台転換の早い前衛劇などで存分に切れ味を発揮してくれた。

朝倉攝は一九八二年、日本アカデミー賞優秀美術賞、八七年紫綬褒章、八九年朝日賞などを受賞し、二〇〇六年（平成一八年）には、文化功労者に選ばれている。

井上ひさし

死ぬまで広島と沖縄を忘れなかった作家

井上ひさしは遅筆堂を名乗っていたが、かれが二〇代の「ひょっこりひょうたん島」で世に出てから七五歳で死去するまで、小説や童話五〇余編、戯曲六〇本を書いている。遅筆にしては多作だ。それらは多くの文学賞を受賞した。晩年、かれは日本ペンクラブの会長までつとめ、文化功労者にもなる。

わたしは井上ひさしがそんなに偉くなる前、かれの五〇代までは個人的にも親しかった。功なり名遂げた晩年のかれは、遠くから見ていただけだ。ただ、親愛の気持ちは変わらなかった。

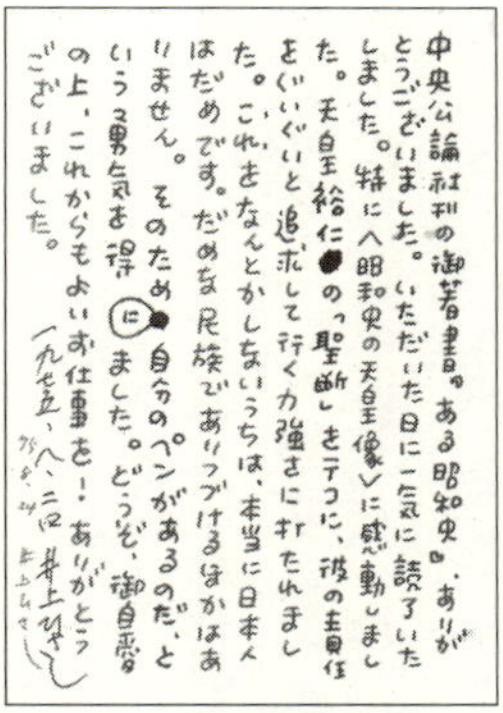

中央公論社刊の御著書『ある昭和史』、ありがとうございました。いただいた日に一気に読了いたしました。特に〈昭和史の天皇像〉に感動しました。天皇裕仁の「聖断」をテコに、彼の責任をぐいぐいと追求して行く力強さに打たれました。これをなんとかしないうちは、本当に日本人はだめです。だめな民族でありつづけるほかはありません。そのため自分のペンがあるのだ、という勇気を得ました。どうぞ、御自愛の上、これからもよいお仕事を！ ありがとうございました。

一九七五、八、二四　井上ひさし

井上ひさしからの葉書（1975）

かれは一九三四年（昭和九）一一月、山形県生まれ、二〇一〇年四月九日に癌で死去した。

五二歳までの本名は内山ひさし、二〇代のころ浅草フランス座の文芸部進行係などをしていたので、一九五〇年代、しばしばフランス座に通っていたわたしと近いところにいた。

かれは上智大学外国語学部のフランス語科を卒業している。戯曲「日本人のへそ」やNHKの人形劇「ひょっこりひょうたん島」で人気を得、一九七二年『手鎖心中』で直木賞を受賞し、作家としての地位を確立した。

小説『吉里吉里人《きりきりじん》』で日本SF大賞、読売文学賞、『腹鼓記』『不忠臣蔵』で吉川英治文学賞、『東京セブンローズ』で菊池寛賞を受けている。

戯曲では「しみじみ日本・乃木大将」「小林一茶」（一九七九）で紀伊国屋演劇賞、読売文学賞、「シャンハイムーン」（一九九一）で谷崎潤一郎賞、「太鼓たたいて笛吹いて」（二〇〇二）で鶴屋南北戯曲賞を得ている。

書棚に向かう井上ひさし

この人とは憲法、反戦、沖縄の問題などで意見が合い、たがいにメッセージを交換し、励ましあった。かれが九条の会をにない、わたしが日市連をやっていたので、市民運動の同志としてエールを送り合えたのである。

二〇〇〇年代になると〝終り〟を予感したのか、創作の主題を憲法（護憲）、広島（反原爆）、沖縄（反戦、反基地）にしぼっている。憲法では、二〇〇六年にいわさきちひろと『子どもにつたえる日本国憲法』を公刊（その前には樋口陽一との共著『「日本国憲法」を読み直す』をだしている）。

ヒロシマ（被爆）では、二〇〇一年に「父と暮らせば」と「紙屋町さくらホテル」の問題作を発表している。とくに「さくらホテル」には歴史に重なる事実がある。一九四五年八月六日、あの日、新劇のベテラン俳優丸山定夫ら九人が、さくら隊という移動演劇班をつくってヒロシマで活動中、原爆を浴びて死んだのである。

井上ひさしは、この作に鎮魂の思いをこめていたろう。

沖縄では「木の上の軍隊」が未完成のまま遺稿として遺された（二〇一〇）。沖縄の伊江島で戦争が終わったのも知らず、二年間もガジュマルの木の上で、生活した二人の日本兵の実話を、かれが戯曲にしようとしたのである。だが、未完成のまま病死した。それを、蓬莱竜太が受け継ぎ、作劇し、栗山民也の演出で二〇一三年、梅田芸術劇場で上演した。

井上ひさしは死の間近まで、戦争、沖縄にこだわりつづけた。一生、努力し、書きつづけた。みんなを笑わせながら、怒り、痛評し、時代とわたりあった人だ。だが、私人としては必ずしも幸福ではなかったようだ。先妻の西館よし子との間に三人の娘がありながら、娘たちはこまつ座の座長の椅子をめぐってはげしく争い、臨終の枕元には三女と後妻（ユリ夫人）とその息子（井上ひさしの長男）しか来なかったとか、その寂しさは部外者には解らない。

かれが息をひきとったという二〇一〇年四月九日の翌日のわたしの日記には、こんな意外なことが書かれている。

「カチンの森の七〇周年追悼会に出かけたポーランドのカティンスキー大統領一行九六名の乗機が、着陸に失敗、全員が死亡。その遺体が今日、ワルシャワに帰ってきた。プーチン首相が見送ったという。アンジェイ・ワイダは一足先に出て命拾いをしたと。なんという悲報。これに重なるようにして、わが友井上ひさしが肺がんで死去したという訃報が入った。悲しいことが二つ重なった。泣きたい思い。」

近代史研究に足跡を残したひとびと

小西四郎と遠山茂樹

日本近代史研究の先達

二人ともわたしにとっては恩人である。戦前は同じ東京大学史料編纂所の編纂官として過ごし、戦後、小西さんは東大史料編纂所教授、退官は一九七三年（昭和四八年）、その後は東大名誉教授となる。

遠山さんは一九一四年生まれだから、一九一二年に生まれた小西さんより二つ年下。わたしが小西、遠山を知ったのは戦後の学生時代、一九四六年からだが、卒業後の一九五三年から青村真明《しんめい》に代わって日本近代史研究会の同人に加わったので、その会の先輩同人だったこの二人から恩恵を受けている。

もともと、この近研とは服部之總《しそう》の医療費、生活費を助けるため、小西、遠山、松島栄一、吉田常吉たちが画報制作のために作ったもので、研究目的のものではない。わたしたち若手の常勤の編集部員七名と、「外様《とざま》」といわれた定職持ちの史料編纂所員など五人からなる特殊なギルド的な集団であった。

つまり、近研は国際文化情報社なる月刊画報誌を発行している会社と契約して、『画報近代百年史』（全一八集、一九五一～五二年）シリーズを編纂、発行し、大成功を納めていたものであった。その莫大な印税収益の大半は代表服部のものとなっていた。わたしたち若い働らき手の給料は編集費の一部であった。

その給料があまりに安いので、わたしが先頭に立って服部相手に賃上げストをやることになる。鎌倉に豪邸を構えていた服部は、傲然として「おれは絶対主義者だ」といって応じなかったので、小西、遠山らが間に入って服部を説得するという一幕もあった。いま思えば、それぞれの欲に勝手な名分をつけていた可愛い時代だった。

『画報近代百年史』の刊行は一九五〇年ごろであるが、その出発のころの経緯を小西四郎が日本近代史研究会の「会報」二号（一九五五・二）にこう書いている。これを見ると、小西さんたちは外様どころか、百年史の編集スタッフそのものであった。

小西四郎編の中公ペーパーバックス帯

> 「四年前、百年史の始まったころ……近代史を写真や絵などで描こうという仕事を、はじめは維新史だけでも手伝ってみようと軽い気持ちで引き受けたところ、だんだん深みにはまり込んでしまったというのが、私の正直な気持ちである。
>
> 最初の一、二巻は吉田常吉と林田真二郎氏にずいぶんご迷惑をかけた。私自身はその頃多忙であったため、両氏と藤井松一君がほとんど編集にあたられた。そのうち私も仕事に打ち込むことができるようになり、また青村真明、川村善二郎両君の参加によって軌道に乗りはじめた。国史の研究室を半ば占領したような形で編集室化したが、（これは青村君一流の強引さで）結局は当局の忌避にふれて、京橋（発行元の国際文化情報社）に移転しなければならぬ羽目となった。
>
> 本郷時代の編集会議は、その近辺の喫茶店などを探して会場にあてたので、これはこれで楽しいものであった。服部氏（途中、入院のため欠席あり）をはじめ、遠山、

松島氏も常に出席して欠席はほとんどなく、新しいものをつくり出そうとする雰囲気の中に仕事が進行した。私がもっとも力を入れたのは、史料の蒐集であった。さまざまな資料—写真帳や画帳や絵葉書、社史、伝記、などを求めて、古書展には必ず顔を出し、神田をはじめ各所の本屋を暇さえあればあさった。これは近代百年史が終わるまで続いた私の努力であると共に楽しみでもあった。」と。

わたしはこの頃の小西さんたちのことは知らない。同期生の青村から間接的に聞かされていた遠い話であった。わたしが青村の代わりに近研に入ったときは『画報近世三百年史』や『画報千年史』が終わり、現代史に移行する一九五四年であるから、小西、遠山さんらが「外様」のように思えたのである。

小西さんに個人的に世話になったのは一九六六年のことだ。当時は異常な歴史物ブームの時代で、中央公論社が企画し、井上光貞、小西四郎ら七人が企画委員をしていた『日本の歴史』全二六巻が、初版二〇万部を越えるという大成功を収めていた。その第一九巻に小西さん自身が『開国と攘夷』を執筆している。そのシリーズの第二一巻『近代国家の出発』をわたしに書けと勧めてくれたのである。わたしは最初、天皇問題で右翼に妥協した中央公論社に難色を示して断ったが、重ねて説得された。

「初版二〇万部が約束されているこの企画を見送るべきではない」「一巻単独執筆だから君の自由に書けるのだ」と強く説得された。たしかにそれは大きな魅力であった。結果はこの書き下ろしによってわたしは多年の生活難から抜け出すことができ、自分の家を建てることもできたのである。

小西さんのその後の大きな仕事は『錦絵幕末期　明治の歴史』全一二巻（講談社、一九七七、七八）であろう。それと遠山茂樹との共編『服部之總・人と学問』（日本経済評論社、一九八八）も落とせない。晩年は孤独で、家庭問題などで苦しみ、一九九六年二月、八王子の家でひっそりと死去した。

わたしの日記も記している。

「近研の大恩人小西さんが亡くなった。小西さんの死がジワリと、後になって利いてくる。四〇年余におよぶつきあい。わたしに中公の『日本の歴史』（ベストセラー）を書かせてくれた人。日本近代史研究会の柱のような存在だった。近研ではいちばんフェアで、若いわたしたちの生活や研究のことを考えてくれた。心からご冥福を祈りたい。」と。

戦前から東大史料編纂所でいっしょに過ごしながら、遠山茂樹さんは小西四郎さんとはだいぶ違う。遠山茂樹は唯物史観に立つ講座派系の理論家であり、学会で論争を呼び起こすこともしばしばあった。一九五〇年『明治維新』（岩波書店）を発表し、同じ維新史家、井上清と激しい論争をおこなった。背景に戦前からの服部之總と羽仁五郎の対立があると私たちは読んでいた。遠山さんは服部系の日本近代史研究会員である。また、一九五五年には『昭和史』（岩波新書）を今井清一、藤原彰とともに著し、ベストセラーとなったが、亀井勝一郎から「人間不在の歴史叙述」として激しい批判を浴び、論争になった。わたしはこのとき、内心では亀井の論に賛成する点が多かったが、立場は歴研側に立っていた。一九五九年二月に岩波の『思想』に発表したわたしの論文「歴史叙述と文学」はその矛盾を越えようとした試みであった。

当時の最大の学会は最盛時四〇〇〇人の会員を擁していた「歴史学研究会」であるが、その委員長（一九六二〜六五）を遠山さんは勤めている。わたしの学会への登場論文「困民党と自由党」（一九六〇）、「自由民権運動の地下水を汲むもの」（一九六一）は、かれの推挙を得て歴研の機関誌『歴史学研究』に掲載された。いずれも一五〇枚を越える大論文であるにもかかわらず、格別の計らいで一挙に載せてくれたのである。

かれは一九六八年、『戦後の歴史学と歴史意識』を、明治維新百年のとき『明治維新と現代』を一九七五年には『日本近代史1』を刊行。一九八一年の自由民権百年のときには、横浜県民ホールに七〇〇〇人の参会者を集めた自由民権百年記念全国集会の実行委員長をつとめてくれた。この会の呼びかけ人であったわたしは、その恩誼を忘れていない。

遠山さんは早くから横浜市立大学の教授を務めていた関係で、横浜開港資料館の初代館長でもあった。わたしは招かれて記念講演したことがある。そのときはタレントの永六輔と一緒であった。黒船渡来以降の百年の歴史を終始おもしろおかしく話し、満員の聴衆の喝采を得たため、永さんのお株を奪ったといわれたものである。

二〇一一年八月三一日、遠山さんは老衰のため自宅で死去された。九七歳であったという。わたしはだいぶ遅く、朝日新聞の死亡記事を読んで知った。服部さんは五四、五歳での自殺であったのだから、遠山さんは、ずいぶんと長命だ。日本近代史研究会の同人で生き残っているのは、当時若かった七人のうちの二人だけで、俊才青村真明などは早々と二九歳で幕を下ろしている。

青村真明

惜しまれる近代史の偉才、二〇代で死す

青村のことを、最初に出会った戦前の東京大学文学部学生のころからの日記を調べたら、続々と出てきた。あまり多いのにびっくりするくらいだ。作家なら青春小説の一篇くらい十分書けるほどの密度だ。交友関係は一九四三年（昭和一八年）からかれの死の一九五三年まで、敗戦を挟んで一〇年間濃密につづいている。手記は大判の大学ノートに八冊もある。それにわたしたち日本近代史研究会が編んだ『青村真明遺稿集』や、関係する友人たちの書簡や詩編、遺稿類まで保存されていた。それ故、かれの斬新な青春像の一端を表現できる。

青村は一九二四年（大正一三年）東京本所に生まれた。二年後、世田谷に移り、麻布中学に進み、四一年に第三高等学校（京都）、四三年一〇月、東大文学部国史学科に入学。翌年八月、「学徒出陣」令で土浦海軍航空隊に入隊、四五年八月、四国の松山海軍基地で敗戦を迎えている。東大入学以降はわたしの歩みとあまり変わりない（わたしは伊勢湾の答志島《とうしじま》特攻基地で敗戦になった）。

わたしは敗戦後、復学の意思を失い、郷里佐原に蟄居していたが、かれは食料の買い出し方々、その山庵

立っているのが青村真明。前列右から村上重良、川村善二郎、女性は国際文化情報社の社員

にしばしば訪ねてきて、復学と上京をわたしに促した。一九四六年五月、復学してみると、すでにかれは国史研究室の民主改革の先頭に立っていた。四七年二月、東大学生歴研を組織、そのボス然としていた。

だが、かれは一九四八年八月、自宅で肺結核を発病、国府台《こうのだい》国立病院に入院した。その医療費の大半は、同年同級の若い日本史家たちによって執筆刊行され、たちまちベストセラーとなった『日本歴史読本』（大地書房、一九四八）の印税収入による。

わたしと吉沢和夫が国府台に通い、その金で医療費を支えた。青村は四八年九月、東大史学科を卒業、時折研究室に顔をだしていたが、四九年六月、病状悪化し、東大付属病院に転院、卜部医師の執刀により、右肺の肺葉切除の大手術を受ける。四ヵ月後、退院し、世田谷の自宅に帰り、療養生活に入った。

その頃（一九四九年四月）、栃木県粕尾村から上京し、フリーだったわたしは、かれの療養に協力する。一時、かれの経堂の家に間借りして、病院のあいだを往復するまでした。

そのころのわたしは、昼は世田谷民商の組織運動、夜は新劇の研究所活動と、過労の連続だった。しかも、収入が少なく、極端に食費を切り詰めていたため、栄養失調になり、それらの無理がたたって、青村と同じ結核で倒れ、同じ肺葉切除の手術を受け（一九五一年）、千葉の療養所に送りこまれるはめになった。

そのころ青村は恢復し、一九五一年三月から日本近代史研究会（代表服部之總《しそう》）の同人となり、『画報近代百年史』（国際文化情報社、一九五一～五二）の編集の中心的な役割を果たした。その全一八集を完成させたのは、一九五二年一二月だ。だが、その無理が祸したのであろう。五三年五月九日、突然喀血し、服部ら近研の同志たちの励ましと手厚い介護にかかわらず、一三日、死去した。まだ二九歳と三ヵ月でしかなかった。

かれの東大の卒業論文は「所謂『明治四十年代』の一考察」であった。大逆事件とそれに鋭く反発した永井荷風や森鴎外らが取り上げられていた。公刊されたものには『物語日本の労働運動』（共著、理論社、一九五三）などがあるが、『画報近代百年史』に書いた解説や後記のユニークなエッセーの中にかれの面目が躍如としてあらわれている。

それはさておき、以下にわたしのノートに残った青村真明との交友の内容を紹介しよう。戦中派の青春の一端のリアルな証言になろうと思うからである。

かれと親交を結んだのは一九四三年一〇月、繰り上げ入学で東大の文学部国史学科に入ったときからである。一高の菱刈隆永、二高の色川、三高の青村真明がすぐ仲良くなった。四四年三月、一ヵ月ほど静岡県岡部町の光泰寺に合宿し、暗渠排水の土方をやらされたとき、夜、富山高校の蜷川寿恵らを加え、万葉集の輪読会もやっている。

この寺には小高い竹林の裏山があったので、月明の夜など青村と頂上まで登り、二人して語り合い、あい唱った。かれが「琵琶湖周航の唄」をうたえば、わたしは二高の寮歌「分散歌」を吟じた。また、二人して啄木の歌を高く低く合唱した。

　春まだ浅く月若く　いのちの森の夜の香《か》に　あくがれ出でてわが魂《たま》の
　夢むともなく夢むれば………と。

また、宮沢賢治の『農民芸術概論』などを談じあった。休日には宇津《うつ》ノ谷《や》峠を越えて静岡にゆき、興津の海から霊峰富士を仰ぎながら波の音を聴いたこともあった。このころの青村はロマンチストで、ドイツのランケ流の歴史観とゲーテ的な人生観に憧れ、「各々の時代は神に直接する」などと口走っていた。

一九四四年六月五日、大学図書館四階の喫茶室で、第三回の討論会、「親鸞について」を開いている。この日は青村が主役、亀井勝一郎の親鸞についての報告。六月一一日からは二ヵ月ほど、千葉の農村に勤労動員で学窓を離れねばならなかった。

六月七日、欧米の連合軍が北フランスに上陸し、ドイツ軍が重大な危機に直面した。盟邦ドイツが降伏したら、日本は世界中を相手に戦わなくてはならなくなる。そうなれば、おれたちも戦死を免れないだろう。予備学生など半数は死ぬだろう、そんな想いを語りあった。

動員先の村には習志野から歩いていった。村役場で滞在先を割り当てられ、わたしと青村は角頼さんという家に送りこまれた。

六月一二日から大麦刈り、一四日からは田植えである。朝七時から夜七時まで、泥まみれ。夜はすることもないので、子どもたちを集めて童謡をうたったり、怪談などしたりする。

一六日、田植えに忙殺され、本よむ暇もなし。

一九日、角頼さんの家から積田仁兵衛さんの家に移される。ここも連日、田植え、凄惨だ、長時間労働にへとへと。それなのに、夜はノミとの格闘。救いは相役の青村とだべりながらやれることだ。

二四日、敵米軍がサイパンに上陸、本土は一大危機に直面した。わたしが海軍航空隊に志願すると決意したことに、母から切々たる諌めの手紙がくる。「死するばかりが祖国のためではありません。兄よりおまえの決心を聞き、一時、驚いて何とも口が聞けませんでした」と。

青村も土浦海軍航空隊への志願を決めたようだ。近く文科系の学生に「学徒出陣」の命令が出るらしい。わたしたちが大学を卒業できる希みなど、もうまったく無くなっていた。

青村とは毎日のように語り合う。かれから教えられることは大きかった。

休日には近くの分教場にゆき、若い女先生のオルガン演奏に慰められる。教員室に迎えられ、お茶をいれてもてなしてくれるのだ。青村はブランコに揺られながら、スケッチなどに興じ、わずかな余暇を楽しんでいた。

七月二一日、サイパン敗戦の責任で東条内閣が総辞職し、戦局は絶望的になる。わたしたちは動員先から帰京するよう命じられた。親しんだ村のひとびととの別れは辛い。とくに慕われた子どもたち、あつ子やキミ子とは別れがたい。少年時代から少女コンプレックスがあるわたしはとくにそうだ。大学生になってもその情念は抜けなかった。

分教場の教壇でわたしたちは、女先生に頼まれ、賢治の童話『オッペルと象』と『注文の多い料理店』の話を生徒たちにして「さよなら」を言った。バス停まであとを追ってきたあつ子とキミ子を抱き上げた。これが今生の別れになろうと。

その数ヵ月後、青村は土浦海軍航空隊の航空科へ、わたしは兵科に相次いで入隊した。だが、かれは四国の松山基地で、わたしは伊勢湾の特攻基地で敗戦を迎えた。一九四六年、復員後、田舎に蟄居していたわたしを訪ねてきて、上京復学を促したのはかれであり、それからは東大歴研のリーダーとしてかれは大活躍した。

大学の卒業は一九四八年、わたしは直ぐ栃木の山村にナロードニキ（〝人民の中へ〟の運動者）として入り、学問の道から離れたが、かれは国史研究室のボスとして研究ひとすじの道を行った。もしかれが肺結核などの業病に取り憑かれなかったら、ひとかどの学者になっていたろう。一九五〇年後のことは、初めに記したとおりである。

行く道は分かれたが、かれとわたしの友情は死ぬまで揺らがなかった。

わたしは青村の死後、日本近代史研究会に加わり、『画報現代史』などの編集に参加した。この間のことを近研同人の川村善二郎がこう記している。

「新に同人にくわわった色川大吉は、亡くなった青村真明と同期の親友で、明治精神史の研究を課題としていました。一九四八年に大学を卒業して、栃木県の山村の中学教師となり、新協劇団の研究所に転じて演出家の道に進み、青村と同じ病気をして療養に努めたのちに、日本近代史研究会に参加してきたのです。色川はそのユニークな発想と視点によって、私たちに青村以来の新鮮な刺激をあたえてくれました」（『若き歴史家青村真明の死』一九五六）。

青村真明

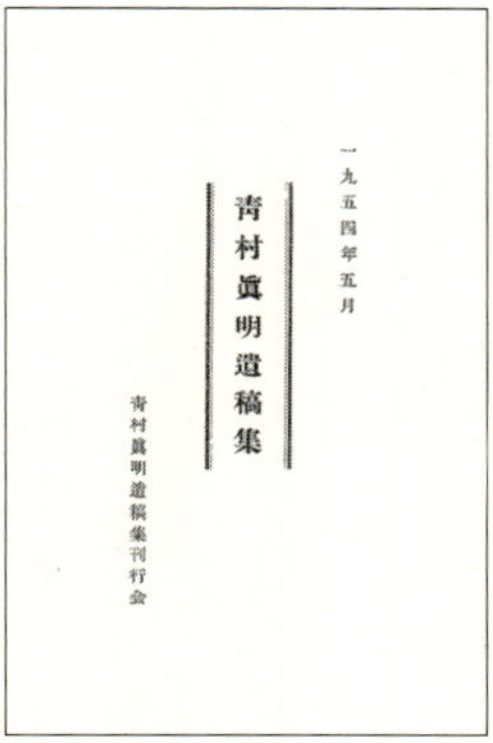

江村栄一

自由民権研究の誠実な同志

かれは一九三一年（昭和六年）、新潟生まれ。わたしより六歳若いが、同じ明治史の研究者仲間である。とくに自由民権運動と明治前期の憲法構想の研究では教えられるところが多かった。かれは東京教育大学文学部の卒業生であったが、法政大学に移り、亡くなったときは法政大の名誉教授だったと思う。はったりのまったく無い、地味な誠実な人で、学界からの信頼はたいへん厚かった。一九八四年一二月のわたしの日記にもこうある。

「江村栄一さんから贈られた五〇〇ページの大著『自由民権革命の研究』を一覧し、拙著を添えてお礼状を書く。まず、なによりも始めに、江村さんがここにいたるまる五年間、自由民権百年記念の全国運動の中心となり、統率し、支え、そして成功に導いた一貫した功労に心からの敬意を述べた。江村さんなくしてこの運動は成功しなかった。かれがまず提唱して組織化を始め、わたしのような周囲のうるさがたの発言などにも迷わず、全国の研究者を束ねて着実に会を積み重ね、成功させ、最後もきちんと自分の手で幕をおろした。その生き様はみごとと言うほかはない。かさねて江村氏を讃える。その繁忙のなかで、よくぞこの大著

右から遠山茂樹、色川、江村栄一。後姿は松尾章一

をまとめられたものと思う。ただただ脱帽する。」

江村さんにはこの他に「明治の憲法成立過程」の研究がある。それは伊藤博文が主導した明治憲法、「大日本帝国憲法」のことではない。民衆史家の立場に立って在野の人びとの構想した憲法草案を究明したのである。その研究の集大成とでも言うべきものが、家永三郎氏らとの共著『増訂版明治前期の憲法構想』（福村出版、一九八五）であろう。このなかにはわたしたちが発見した草の根の民衆憲法、「五日市憲法草案」も収録されている。

岩波書店から『日本近代思想大系』が刊行されていたが、その第九巻『憲法構想』（一九八九）は江村栄一らの編集である。その後、吉川弘文館が『近代日本の軌跡』を出しはじめたが、その第二巻『自由民権と明治憲法』（一九九五）も江村栄一の編集である。ここには安在邦夫（一九三九生まれ）以外の執筆者は一九四〇年代、五〇年代生まれの若手であった。このころの江村栄一は学会の重鎮の位置を占めていたといえる。

この本のあとがきにも書いているが、かれはイギリスに留学している。「三週間英国に住むと、一冊の本が書けると思ったが、三ヵ月で難しいと思い、三年間で不可能だとわかった」と。

また、こうも言っている。「私たちの祖先が民主主義を求め、人権に基礎をおく近代国家の実現のために大変な努力を重ねたこと、民権派の憲法構想の内容が現在の日本国憲法のなかに蘇っていることなどは、もっと日本だけではなく国際的にも紹介されてよいことである。本書がささやかながらその一助になれば幸いである」と。江村栄一の志が述べられているところである。

二〇〇七年九月四日、脳内出血で惜しくも死去された。七六歳。

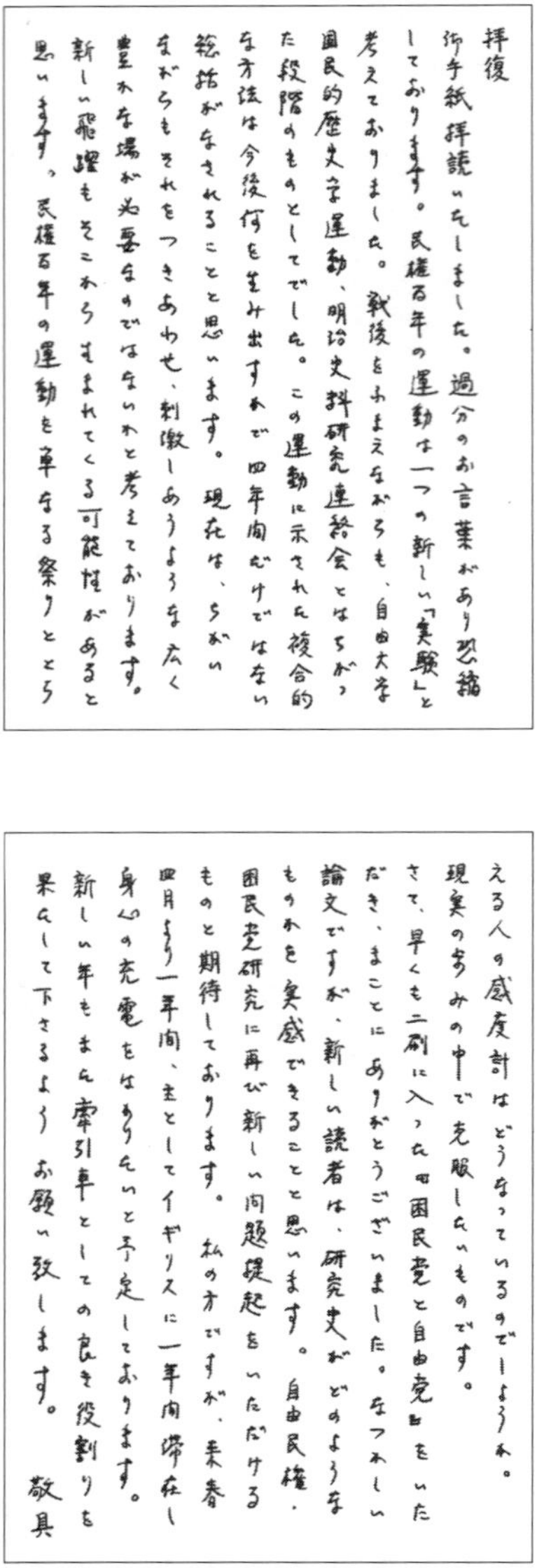
拝復
御手紙拝読いたしました。過分のお言葉があり恐縮しております。民権百年の運動は一つの新しい「実験」と考えております。戦後をふまえながらも、自由大学考えておりました。国民的歴史学運動、明治史料研究連絡会とはちがった段階のものとしてでした。この運動に示された複合的な方法は今後何を生み出すかで四年間だけではない総括がなされることと思います。現在は、ちがいながらもそれをつきあわせ、刺激しあうような広く豊かな場が必要なのではないかと考えております。新しい飛躍もそこからうまれてくる可能性があると思います。民権百年の運動を単なる祭りととらえる人の感度計はどうなっているのでしょうか。現実の歩みの中で克服したいものです。

さて、早くも二刷に入った『困民党と自由党』をいただき、まことにありがとうございました。なつかしい論文ですが、新しい読者は、研究史がどのようなものかを実感できることと思います。自由民権・困民党研究に再び新しい問題提起をいただけるものと期待しております。私の方ですが、来春四月より一年間、主としてイギリスに一年間滞在し身心の充電をはかりたいと予定しております。

新しい年もまた牽引車としての良き役割りを果たして下さるようお願い致します。

敬具

江村栄一からのハガキ（1984.12.25）

宮川寅雄

文人的な歴史家、書家、外交家

宮川寅雄はわたしたち日本近代史研究会の若衆頭であり、わたしの恩人でもある。この人との付き合いは一九五〇年代から一九八四年（昭和五九年）の一二月まで三〇年余に及ぶ。七五年一〇月には日中文化交流使節団員として一緒に中国にも行った。かれは団長、随員には永六輔や西武の堤清二もいた。かれの死の日から書こう。克明な日記がある。

「一二月二六日、寝ていたら、朝方、ノックで起こされる。いま、電話があって、宮川寅雄さんが死んだという。昨晩だという。一度、血管が切れて危ない目にあった人だから案じていたのだが、ほんとうになってしまった。このひどい寒さが悪かったのであろう。

東京女子医大病院で脳梗塞で亡くなったのだという。入院したことが判っていたら、お見舞いに行きたい人だった。近ごろ交際が遠くなっていたが、逢えば、『大ちゃん、寅さん』と呼びあえる仲だった。三〇年前、服部之總の近代史研究会で知りあってからの深いつきあいで、どれだけ共通の思い出を持っていたことか。

日中文化交流訪中団（北京、1975）左から永六輔、1人おいて宮川寅雄（団長）、4人目堤清二。色川は右から３人目

去年、藤田経世さんが亡くなったとき、一度、昔の近代史研究会の仲間で集まろうと話していたところだった。その矢先に中心的な存在を失った。なんとも情けない。

二七日、鷺宮の自宅で通夜、二八日、密葬だという。テレビでも報じられ、新聞は写真入りで、その一生をくわしく報じている。戦前の非合法共産党の中央委員、歌人にして書家の会津八一の高弟など、特異な経歴を持つ美術史家として。また、現職の日中文化交流協会の理事長であり和光大学の教授である。その葬儀はたいへんな混雑になろうと思う。」

二五日といえばクリスマスの日だ。寅さんはその日に東京女子医大で死んだ。そして一二月二五日の女子医大でといえば、わたしも一年前に入院していた。そのときは一週間余りカテーテル検査をしても、狭心症の原因がどこにあるか突き止められなかった。一年三ヵ月後、チベット横断の旅（一九八六年三月から六月まで）を企画していたので、その準備のためもあったのである。

宮川寅雄はいちど倒れて歩行も鈍くなっていたくらいだから、用心していたに違いない。それでも突然終わる。あらためて人生は測りがたいと思わざるを得ない。

二七日、通夜に行った。予想どおり、たいへんな弔問客で、家の中に入ることもできず、わずか数秒、霊前に献花できたばかり。葬儀委員長の井上靖さんが日中文化交流協会の人びとに見守られ、遺影のそばに立っていた。わたしは夫人に挨拶し、娘の絵美ちゃんの姿をさがした。彼女は幼女だったころ「コッコちゃん」と呼ばれ、寅さんから溺愛されていたのだ。

思えばわたしが最初にかれと逢ったのは、京橋の国際文化情報社の二階であった。そのときかれは四六歳、親分の服部之總《しそう》が五二歳のころである。わたしは死んだ青村真明《しんめい》の後任として近研に入った。一九五四年（昭和二九年）秋、病気上がりの二九歳であったと思う。以来、同人の藤井松一、川村善二郎、村上重良、原田勝正、佐藤昌三らと組んで、『画報現代史』や『総合日本史』などを刊行していった。宮川寅雄はその若衆頭のような役目を果たしていた。

二八日、密葬のあと、阿佐ヶ谷駅までみんなで歩いたが、途中、コーヒー店で近研同人一同で小休息した。「七人の侍」のうち五人の生き残りと、松島栄一、遠山茂樹夫妻が加わって、生き残り半分が顔をそろえた。そして談笑したが、服部、青村、北島（正元）、藤井、宮川と五人も失った空洞は埋めようもなかった。

この日は大つごもりの寒い日で、二時間、道に立ったきりで棺を見送ったが、体半分が冷えきってしまった。この寒さのなかでも八五歳になられる大久保利謙さんが立ち通しでおられたのには敬服した。奈良本辰也さんはお通夜に見えていた。

和光大学の同僚だった針生一郎くんから聞いたことだが、宮川さんは来年の古稀記念の論集を出すために、詳しい自分の年譜を書いてくれ、それが絶筆になってしまったのだという。かれの遺著となった『歳月の碑』には和歌あり、論文あり、随筆ありで、多面的な経歴と才能を示していた。

そういえば、かれはよく笑いながらこんなことを言っていた。「政治家どもはおれを美術史家だといい、美術史家どもはおれを政治家だという。」と。生涯、会津八一《やいち》に師事し、敬愛し、その遺訓を守りつづけた。そのことは見事というほかない。

「日々、おのれを省みよ」「新しき生をさぐれ」「悠々と生きよ」などの師の遺訓を金科玉条にしていた。師に従って書をよくし、絵を愛し、酒をたしなんだその人生は会津門下の正統を示している。

ただ、かれには、師のような鋭さ、厳しさ、超脱の歌境がなかった。そのこともよく自覚しつつ身を処していたと思う。

葬儀は盛大で、弔電だけでも八〇〇通を越えていたという。その交際の広さには驚く。

かつて紅顔、黒髪だった人も今は白頭。

宮川さん、寅さん、あなたの多才な業績は、いつまでもみんなに継がれてゆくよ。

会津八一　1940 年 3 月

水俣病や公害にとり組んだひとびと

原田正純

胎児性水俣病の発見者にして公害を訴えたつづけた人

原田正純さんが亡くなった二〇一二年六月一一日、テレビや新聞はいち早く報道した。朝日新聞などは大きな写真入りで、石牟礼《いしむれ》道子の追悼文を四段抜きで大きく報じた。地元、熊本日々新聞は速報を出している。「公害の悲劇を世界に訴えた人」逝く、と。

共同通信も「水俣病研究に生涯をかけた原田正純氏が死去」と全国の地方紙に配信している。かれの代表作『水俣が映す世界』（日本評論社、一九八九）が大佛次郎賞を受けたからでも、二〇一〇年、朝日賞が贈られたからでもない。人間として立派な医学者、一貫して公害の罪と恐ろしさを訴え、水俣病患者を診察し、励ましつづけた恩人だったからである。

その原田正純さんからのハガキが三通、私の手許に見つかった。一通は大佛賞を受賞した知らせとお礼状、二通目はその八ヵ月後、一九九〇年八月のもので、自分を襲った不幸（がん）と、あらたな決意を示している。「先日、『昭和史世相篇』（小学館、一九九〇）ありがとうございました。私は現在、入院中です。七月二五日胃切除手術を受けました。今まで自分の命のことは考えたこともありませんでしたが、やはり有限であると実感しました。早速、読ませていただきました。先生のお仕事と精神医学の共通性を感じました。精神医学も人間の存在、歴史、社会現象すべて研究の対象にしますので、たいへん幅広い先生のお仕事が、うれしく共感できました。私ももっと広く広く負けないようにと思いました。」

それから八年後、一九九八年六月の三通目には、戦争のことが書かれている。

「先日、『近代日本の戦争』を送っていただき光栄です。いつもいろいろとお心遣い下さって感謝しております。私も戦災孤児の一人なので興味をもって読ませていただきました。ドイツなどでは戦後、医師会が医学者の戦争責任を追究したというのに、この国は相変わらずでした。

いつまでもお元気で頑張って下さい。とりあえずお礼まで。」

原田さんの水俣との関わりは古い。一九六〇年代初め、熊本大学医学部神経精神科の大学院生だったころ、「奇病」騒ぎが報じられていた水俣に行ったときだ。そこで目撃したのは救いのない真っ暗な悲惨な現実であった。

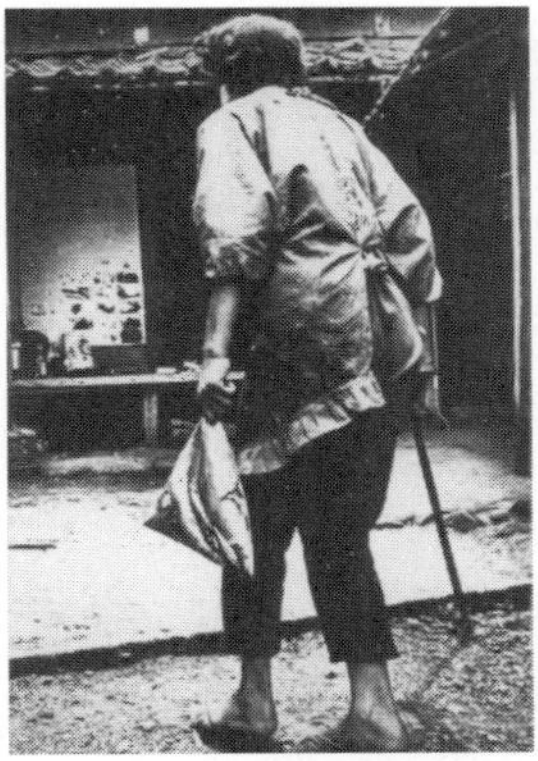

1960 年代、水俣の患者の生活

重い病気を背負い、困窮し、地域ぐるみの差別に苦しむ患者の姿だった。そのころの原田さんについて、熊本の水俣病研究会の同志富樫《とがし》貞夫さんはこう記している。

「当時、水俣の患者多発地区には出生後に脳性小児麻痺のような症状を示す子どもが十数人見つかっていたが、決定的な証拠がないため水俣病とは認められていなかった。——原田さんがこれを担当する。調査の対象になったのは当時二歳から七歳までの十七名の患児である。原田さんはその家々を訪ねて発病の経過や多彩な症状の一つ一つを丁寧に観察し、脳性小児麻痺とは異なる臨床像をつかんでいった。また、母親からもくわしく話しを聞き、その症状を観察した結果、母親の七割に水俣病と同じ軽い神経症状があることもわかった。検討の結果、患者の症状はいずれも「母胎内で起こった有機水銀中毒」によるものという結論に達した」（『精神神経学雑誌』第六六巻六号、一九六四）。「胎児性水俣病」の発見である。

原田正純

わたしが水俣に調査団員として入ったのは一九七六年からだから、原田さんはその一〇年も前から患者の訪問検診を行っていた。それなのに彼は私たちの学術調査団に参加してくれ、わたしたちに何かと参考になる話をしてくれた。決して水俣病の先学ぶらず、いつも笑顔で謙虚であった。第一次訴訟を闘った患者の浜元二徳《つぎのり》さんも、原田さんのことをこう語っている。

「先生は患者とも人間として深くつきあってくれた。私たちは心から信頼していた。まだ話したいことがたくさんあったのに、もう原田先生のような人は生まれてこないのではないか。（亡くなられたとは）本当に残念でならない」と。

かれが偉大だったのは水俣や不知火海沿岸の被害に限らず、カナダにまで出かけて行って、見捨てられていた先住民たちの水銀被害を調べ、救援の手を差しのべていたことだ。中国満州の水銀汚染、環境問題、さらに三池炭坑の炭塵爆発によるCO中毒やカネミ油症事件にまで関わっている。原田さんは近代化にともなって起こった深刻な環境汚染の問題を世界に発信し、水俣で得た情報を共有しようと呼びかけていたのである。

最初のわたし宛の手紙にもあったように、原田さんはがんに冒され、さらに脳梗塞、そして白血病と、みずから病いと闘いながら人助けの診療や講演や執筆をつづけていた。石牟礼道子さんは、そうした最晩年の原田さんのことを、「最近はこんなこともよくおっしゃっていた」と、記している。

「この症状はただの病気じゃなかですもんね。殺人ですよ。公害のなんのと名前つけて、原因ははっきりとります。これはれっきとした犯罪です。水俣の被害者は、こんな世間に、どれだけ遠慮しているとおもいますか、そうでしょ。家に訪ねていっただけで、それは喜びなはりますよ。あの人たちは、人のなさけに飢えとりますよね。声かけただけで大恩を受けたと思いなはる。なんというか、じつに純な心をお持ちの方が多かですよ。みんな貧乏でねえ」「貧乏というや涙ぐみ、ふいに声を落とされた。」と。

原田正純の原点がここにある。そして、生涯それを持ちつづけていた。

二〇一二年六月一一日、白血病で亡くなられた。享年七七歳。

NHKは特集番組を放送して、その死を悼んだ。亡くなる数日まえ、すでに五〇代になっていた胎児性水俣病患者たちが病床の先生を揃って見舞っていたシーンが印象的であった。

砂田　明

水俣勧進全国行脚をして水俣に骨を埋めた新劇人

「起ちなはれ」を演ずる砂田明

砂田明さんは一九二八年（昭和三年）京都の生まれ、神戸の高等商船神戸分校を出ているが、四七年に俳優を志願して上京、舞台芸術学院を経て、八田元夫《はったもとお》演出研究所や新劇場、劇団芸協、地球座などを遍歴。七〇年、水俣病闘争がはじまるや、一〇人余の仲間と水俣をめざしてカンパ集めの巡礼団をつくり、六七万円余を集めている。

さらに翌一九七一年には石牟礼《いしむれ》道子の『苦界浄土』を劇化して、勧進《かんじん》姿で一人芝居をしながら、同じ仲間と東京をはじめ一一都市を巡礼公演をし、約四千人を動員したという。その後、エミ子夫人と義母トキさんと三人で水俣に移住した。水俣漁村の湯堂の家に「不知火座」の看板を出していたが、生活のためには畑仕事などもしていた。わたしはそこを訪ねたことがある。

それから砂田さんは水俣病患者で自主交渉団の代表だった田上義春が水俣市の南端の斜面に農園を開いたとき、その一部を借り受け、「乙女塚《おとめづか》農園」と命名し、自給自足の生活をはじめた。そこに水俣病で死んだ少女をはじめ、すべての生類を祀る「乙女塚」を造ろうと決心し、また勧進興行の旅に出かけた。一九八〇年代、その途次、わたしの勤務校でも公演し、その夜、わたしの家にも泊まったことがある。かれは痩身で、丈夫な人ではなかった。旅から旅への興行の連続、そうした無理が祟ったのであろう。一九九三年、まだ六五歳だというのに亡くなった。

著書に『祖《おや》さまの郷土——水俣から』（講談社、一九七五）、『海よ母よ子どもらよ』（樹心社、一九八三）がある。一九八一年、第一五回紀伊国屋演劇賞、特別賞を受賞している。

『海よ母よ子どもらよ』のなかにこういう句がある。

もし　あんたが　人やったら
起《た》ちなはれ　戦いなはれ
公害戦争や　水俣戦争やでえ
戦争のきらいなわしらのやる戦争や
人間最後の戦争や　正念場《しょうねんば》や
勝たな　あかん　勝ちぬかな
——子どものために　孫のために　親のために　先祖のために
そうしてこの自分自身のために　一度しかない人生のために

宇井　純

東大助手で一五年も自主講座をつづけた公害問題の先駆

東京大学工学部の万年助手といわれた宇井純は、つねに患者の側に立って行動した信念の人だった。一九三二年（昭和七年）、小田実と同じ年に東京、新宿区に生まれた。

一九五六年、東大応用化学科を卒業。一時、日本ゼオンに勤めていたが、五九年、東大工学研究科にもどり、助手に就任。以来二一年、そこを拠点に自主講座「公害原論」などを軸に反公害運動のネットワークを形成した。かれが主催した自主講座は実に一五年におよんだ。

わたしもそこに呼ばれて一度、講師をつとめたことがある。そのときの謝礼は本郷の食堂でのラーメン一杯だったことを思いだす。そのとき、かれから水俣病の悲惨な話を詳しく聞かされた。

がっちりとした体で、殺しても死なないように思われたが、紀子夫人によると、宇井純は病気ばかりの人だったようだ。マラリア、激症肝炎、脳腫瘍、心臓バイパス手術、そんな体で東奔西走した〝執念の人生〟だったという。

紀子夫人は書道家で、よく宇井純を支え、助けたようだ（彼女の編著に『ある公害・環境学者の足取り＝

原田さんと一緒にストックホルムに行き水俣病を訴えた宇井純。左より原田、宇井、右から２人目浜元二徳

追悼宇井純に学ぶ』亜紀書房、二〇〇八がある）。

宇井純は一九六八年、ＷＨＤの上級研究員としてヨーロッパの公害を調査、下水処理を研究した。七〇年、公害問題で湧く日本に帰国後、公害研究の担い手として自主講座を開き、若手の担い手の育成に尽力した。広く環境問題、とりわけ新潟水俣病、熊本水俣病の深刻さに警鐘を鳴らし、患者と共に行動に立ち上がるよう訴えた。わたしなども動かされ、水俣におもむいた一人である。かれは一九七九年、アジア環境協会を再組織して会長となり、八六年には二一年間におよんだ東大助手を辞めた。

晩年は沖縄にわたり、沖縄大学の法経学部教授に就任、一九八九年にはその特任教授、後に名誉教授になった。二〇〇六年一一月、七四歳で死去した。

川本輝夫

水俣病闘争を先導した人

水俣病事件、水俣病闘争史で川本輝夫の業績を否定することはできないであろう。その評価や賛否はとにかく大きな存在だった。

わたしも一九七六年（昭和五一年）から一〇年ほど水俣に調査団員として行っていたので、なんども逢っている。直接、かれの家を訪問して話を聞いたこともある。また、熊本大学でわたしが資料読みをしていたとき、息子の愛一郎君と二人で訪ねてこられたこともある。かれが川本裁判で上京していたとき、わたしが激励に駆けつけたこともある。浅からぬ縁があったと言える。

西日本新聞が簡潔に要約して紹介している。

「川本さんは激症水俣病とみられる父の死と自身の発病を機に潜在患者の発掘を開始。七一年に自身の患者認定を受けた後、補償を求めてチッソ東京本社に乗り込み、一年九ヵ月にわたる直接交渉で『補償協定』実現に尽力。患者運動の象徴的存在となった。」と（二〇〇六・二・一三）。

もう少し、詳しく紹介したい。

かれは一九三一年八月一日、チッソで働いていた父嘉藤太《かとうた》の子として生まれた。六一年、父が水俣病で寝たきりとなったのを介護。試験を受けて看護師の資格をとる。だが、四年後に父は急性激症で悶死。自分も同じ症状なので、六八年に認定申請をするが二回棄却され、不服審査請求をして粘り、一九七一年に認定を勝ち取る。

その一〇月、新認定の川本たちは補償を求めてチッソ工場に直接交渉したが、拒否されたので、訴訟派とは一線を画し、自主交渉の患者グループをつくり、支援者らとともに、一二月八日、東京のチッソ本社に乗り込み座り込み闘争をはじめた。以後、一年七ヵ月にわたった自主交渉闘争がそれである。チッソ社員や社長との激しいその交渉の中心に川本輝夫の姿があった。その経過は土本典昭《のりあき》の記録映画に残されている。

その間、一九七二年一月に川本らはチッソ五井工場で社員らから暴行を受け、告発したが、立件されず、かえってその年一二月にチッソ社員らへの傷害罪で起訴され、七五年一月、東京地裁で有罪判決を受けた。この検察や司法のあまりにもひどい仕打ちにわたしたちも激怒、抗議に立ちあがった。二年後の七七年六月、さすがに東京高裁は患者を有罪にするとは公訴権の乱用であるとして、公訴棄却の判決を下している。

チッソ水俣工場前の川本輝夫

一九七六年春、わたしたち調査団が水俣入りしたときなど、毎晩のように定宿《じょうやど》の大和屋《やまとや》に川本さんや石牟礼《いしむれ》さんが来てくれ、どこをどう回ったらよいか、最初は誰を訪ねたらよいか、打合会を開き、行動計画を協議してくれている。

たとえば三月三〇日は午前中から大和屋にきてくれ、夜にまた集まり、わたしたちを加え二〇名ほどで明日からのスケジュールを決めてくれた。その晩は、熊本から告発の会の会長本田啓吉さんも駆けつけている。川本、浜元、田上、石牟礼、砂田明、吉永、柳田（相思社代表）などが主なひとびとである。三一日には四隻の漁船に分乗し、不知火海の各地を下見させてくれた。

一九七八年のわたしの日記には面白いことが書かれている。

「三月九日、環境庁へ。ここ二週間近く泊まり込みで坐りこみをつづけている水俣病患者連盟や申請者協議会の運動の見舞いにゆく。川本輝夫さんらに陣中見舞いを届けてくる。水俣からは柳田耕一くんらが来ている。正面玄関のすぐ右側のコンクリートの床に布団を敷いてゴロ寝をしている一〇人ほどの患者さんは、みんな疲労でゲッソリしていた。役所の方も不法占拠として排除しようとしないし、団交も行われず二週間を経過したという。

川本さんと一時間ほど話をするが、かれはそろそろ引揚げたいとの意思を洩らす。そのとき、面白い話を聞いた。この間の水俣市会議員の選挙のときのことだ。いかにも水俣的選挙だったらしい。なにしろ犬猿の仲と思われていた反川本グループの患者たちまでが、続々と陣中見舞いを持って選挙事務所にあらわれたという。一週間で一〇〇万円ものカンパ。焼酎が一〇〇本ぐらいというから驚く。かかった費用は四〇万円足らずでは、大きな黒字だったろう。」

一九七九年はわたしがいわゆるニセ患者発言で起訴された坂本亮や緒方正人ら四人の「謀圧裁判」で弁護側証人として法廷陳述をした年だ。三時間も滔々とやったのに裁判長には無視された。その年の夏、調査団の合宿で大和屋にいたら、朝、川本さんが大きなスイカをさげてやってきた。国家賠償を請求する裁判でも起こしたいのか、それについて教えてくれという。調査団員に期待してきたようだが、メンバーにはその専門家がいない。

一二時までいろいろ話し合ったが、わざわざ来られたのに気の毒に思う。ただ、持参されたスイカはおいしかった。今日の川本さんは美しい顔をしていた。

顔色もつやつやして体調がいいらしい。相変わらず早口だが、饒舌ではない。今日は相手の言うこともよく聞いていた。涼しそうな甚兵衛を着てくつろぎながら。

かれは水俣市議会議員を三期勤めている。そのころから人柄もおだやかになったようだと、人は言う。一九八四年の夏、わたしが熊本で丸木位里・俊さんたちの「原爆の図」展や熊本県立劇場での中野孝次や松下竜一らとの原爆シンポジウムに出席するため滞在していたとき、川本さん父子が会場に訪ねてこられた。手土産まで持って。嬉しい。

長男の愛一郎くんが東京で学資に困っていたとき、わたしがかれの進学費を援助したことがあったが、四年経って卒業し、無事に水俣に近い出水《いずみ》の市立病院に就職できたことのお礼のつもりらしい。愛一郎くんもよく頑張った。川本さんも喜びがこぼれそうな笑顔を浮かべていた。

その年の歳末、一二月二七日に愛一郎くんが小切手三〇万円とみかん一箱を送ってくる。この小切手はいまから五、六年前、愛一郎くんが親父から勘

川本さん一家を訪ねた鶴見和子（左端）

当みたいに扱われて困っていたとき融通した金だ。かれが訪ねてきて、リハビリテーションの専門学校に入り、四年で資格をとって、将来は水俣で働きたいからというので、学資を融通した。

わたしはかれの志を励まそうと、返済を期待しない学資を提供したのである。だから、一度も催促などしなかった。ところがかれはその好意を忘れず、ついに去年卒業し、帰郷して望み通りの仕事に就くことができた。

「尚、私事ではありますが、去る一一月二四日、皆様方の祝福を受けて結婚式を挙げました。」と、添え書きしてあった。わたしは祝辞を送った。

このように川本輝夫さんとの関係は晩年まで良好であった。一九九九年二月、肝臓がんで死去された、享年六七歳。わたしたちは水俣病が原因の肝臓がんだったと思っている。

川本さんの苦闘の生涯は、二〇〇六年二月、七七六ページの大著『川本輝夫　水俣病誌』（久保田好生、阿部浩、平田三佐子、高倉史朗編、世織書房）として刊行された。七周忌に間に合ってほんとうに良かった。

吉田はるの

『苦界浄土』の作者の母

吉田はるのは石牟礼《いしむれ》道子さんの生母である。その最晩年、わたしは親しくしていた。なぜか、どこか気が合ったからである。わたしが「不知火海総合学術調査団」員として水俣に五〇歳代の一〇年間ほど（一九七六～八五年）通ったとき、知りあったのである。

一九七六年（昭和五一年）民俗学者の櫻井徳太郎さんとお訪ねし、水俣の民俗、とくにお産の際の仕来りなど細かいことをお聞きしたのだが、その後はあまり聞き書きなど採らなかった。石牟礼さんがいるのでお委せしたいという気持があった。

そのときからはるのさんには親しい感情が流れていた。それから一〇年、春、夏、最低二度はおたずねしていた。気さくで、おおらかな練《ね》れた人で、包容力が魅力だった。

一九七〇年代、八〇年代、わたしはしきりに海外旅行をくりかえしていたので、そのお土産話をスライドを使ったり、写真を見せたりして、楽しんでもらったこともあった。

最後にわたしが調査団員として水俣を訪ねた昭和六〇年（一九八五年）はるのさんは胃がんの手術後、力を落とされていると聞いたので、こんどは是非とも励まさなくてはと思って行った。逢ってみると、予想以

吉田はるの（1985）

上に衰弱していた。だいいち生きる気力を失っている。腰の辺に痛みがあり、両足に紫斑があらわれていたので、わたしはとてもこの年を越すことはできないのではないかと危ぶんだ。しかし、冗談を言ってしきりに笑わせた。

「痩せたと言ったって、いまのわたしより太《ふと》かですよ」とか、「わたしの母はほとんど寝たきりですよ」とか言って励ますことにつとめた。はるのさんはわたしの母と同年なのだ。

三月二日、水俣を去る日、再び石牟礼家をたずね、はるのさんに「お元気で、夏また逢いましょう、待っていてください」といい、「お湯や水をたくさん飲んでください」などと励まし、二時間ほどいて別れた。娘の石牟礼道子さんは、住民票を熊本に移してしまい、たまにしか水俣の母親のもとには戻らない。最後にわたしが訪ねたときは義弟の西弘《ひしひろし》夫妻や、石牟礼弘さんはいたのだが、はるのさんだけが道まで出てきて、わたしが車で立ち去るのを丁寧に見送ってくれた。

わたしはすぐ右折してしまうのを止め、車をはるのさんの前まで回して、窓から、「おばあちゃん、元気でいてください」と呼びかけた。だが、心は「永遠にさようなら、これが最後でしょうね。あの世に行っても幸せでいてください」とつぶやいていた。

明治の女であるはるのさんは、そんなこと先刻《とうに》承知のようで、永別と感謝の意をこめ、深々と頭を垂れ、わたしが見えなくなるまで立ちつくしていた。

わたしは翌一九八六年春にはチベットに三ヵ月入り、帰国するや、すぐ西欧、東欧八ヵ国をまわり、帰るや、すぐ米国に遊学し、八七年にはそこから南米大陸のマヤやインカの遺跡を訪ねる旅に出かけた。

さらに翌年、ラサのポタラ宮殿の調査に時間をとられたりしていて、水俣を訪ねることができなかった。その留守中の八八年五月、はるのさんは息をひきとられていたのである。

前田千百（ちお）

水俣の名家に生まれた語り部

前田千百さんの兄前田永喜《えいき》は水俣にチッソ会社を招いた人で、一九五五年（昭和三〇年）に水俣市から名誉市民としてその功績を表彰されている。もちろん、この会社が水俣病などという公害をもたらすことになるとは想像もしていなかっただろう。

前田家は徳富家などとならぶ水俣の名家であり、千百さんはその前田家を継いだ。ただ、わたしたちが識ったときは、すでに八〇歳代であり、水俣ではなく佐敷《さしき》町に隠棲されていた。

このひとは水俣の生き証人のような方だから、同じ調査団員の羽賀しげ子が詳細な聞き書きをつくり、『明治大正の水俣——前田千百』（羽賀しげ子著『不知火記——海辺の聞き書』所収、新曜社、一九八五）として発表している。わたしがここに紹介するのは、そのダイジェストではなく、私的な、最晩年の千百さんと私の交流の記録だけである。

一九七八年（昭和五三年）不知火海調査団が水俣入りして三年目の春四月、わたしたちは不知火海の沿岸の町や村にも調査の足を延ばしていた。この地域の教師をしていた西弘《にしひろし》先生に案内してもらい、津奈木の部落をひとつひとつ訪ねていた。その足で水俣の戦前の事情に詳しい佐敷町の前田千百さんの家を訪問したのである。

わたしの四月九日の日記から引く。

「午後は小島麗逸《れいいつ》、土本典昭《のりあき》、綿貫礼子氏らと佐敷の前田さんに逢いにゆく。八一歳とはとても思えぬ、初対面の印象の若わかしさ！　育ちのよい婦人とは良いものだなァと改めて感ずる。頭脳明晰、期待以上の話をたくさん聞かしてくれる。」

千百さんは生粋《きっすい》の水俣っ子、しかも上流階級の人。敗戦の年までその目で水俣を見ている。谷川健一家（谷川医院）は隣であったという。熊本の大江女学校時代、高群逸枝《たかむれいつえ》と同窓であったという話には驚く。帰路、石牟礼家に寄って高群研究をしていた道子さんに話したらたいへんな喜びよう。石牟礼さんの本に出てくる水俣の神経どん（気が狂ったひと）のことも知っていた。」

前田千百さんとはそれから何回も逢い、その聞き書きをわたしの勧めていた大学の紀要に掲載したので、それを差し上げたらたいへん喜ばれた。いつのまにか毎年、春と夏には顔を出すようにして、親交を深めたので、歓待されることが多く、千百さんから毛筆の手紙を何通も頂いている。

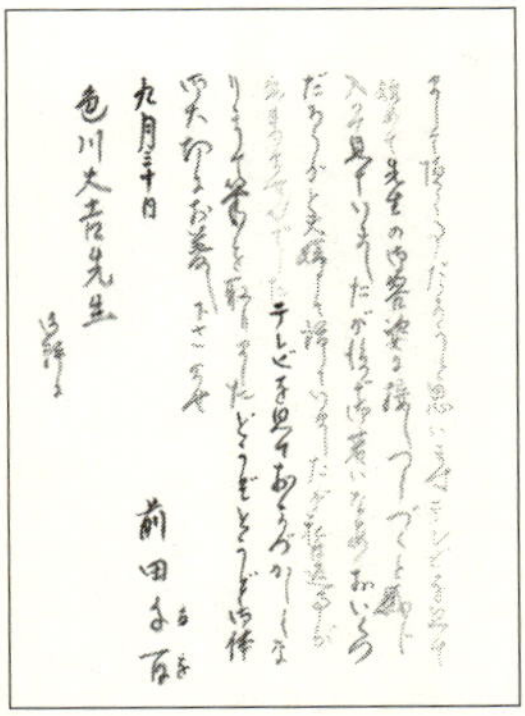
九月三十日
色川大吉先生
前田千百

前田千百さんからの毛筆の手紙（1978.9.30）

それから三年後、一九八一年八月、わたしは悲しい経験をした。

八月二四日の日記を紹介する。

「八月二四日、午後であった。わたしは水俣市街の裏通りにある花田俊雄さん宅へ車を走らせていた。百間町から三号線で市内を北進し、このあたりを右折するはずだと思い、ハンドルを切ったらその道はまっすぐ市立病院に入る道だった。そこで、また戻って、今度は大丈夫と右折したら、また水俣市立病院と大書してあって、あわててハンドルを切り直し、ようやく目指す家の角に辿りついたのである。

前田千百（1985）

そのとき、前田千百さんが水俣市立病院に入院し、わたしを呼んでいたとはつゆ知らなかった。その翌日、二五日の午後三時に千百さんはその病院で亡くなったという。しかも、わたしが差し上げた手紙が葬式の夕べに着いたという。なんということであろうか。」

八月二七日、調査を終え、帰宅してから一通の手紙を受けとった。千百さんの末娘の夫、中山和行《かずゆき》氏からのもので、千百さんの最後のことが記されていた。それは「死者からのしらせ」という民話によく似たはなしで、わたしを一瞬シーンとした気持にした。そこには、こうあった。

「義母は入院するとき、「何か本を持って来ましょう」と言いましたら、「わたしは週刊誌より、色川先生の本で水俣のことを書いてあるのがいいよ」と言うほどでした。……故人の意思をおもい、先生の著書一冊をあの世に持たせてやりました。二七日、葬儀が終わった後、帰ってみると、先生からの親味溢るるお便りが届けられていました」と。

わたしは二五日午後、千百さんが息をひきとられるころ、芦北の海で舟の上からぼんやりと佐敷の方を眺めていた。千百さんはどうしているかとぼんやり思いながら。

前田千百さんは没年八四歳、わたしより二八歳も年長の、この折り目正しい美しい老婦人と、わたしは水俣に行くたびにお逢いしていた。水俣から車で四〇分、芦北町の佐敷の山里にひっそりと身綺麗に一人住まいをされていた。春と夏、花の咲くお庭を眺めながら(ピラカンサが赤い実をつけていた)、打ち解けた数刻を持つことは研究者の立場を越えた喜びであった。

わたしは不知火海の調査のなかで何人もこうした人たちと、こころが通い合った。そして、こんどは誰と死別することになるだろうと想いつつ、立ち去ることが多かった。御所の浦の白倉幸男《しらくらゆきお》さんもそうした人だった。不知火海の離島の漁師にして、晩年、水俣病のために失明し、美しい短歌を残された白倉さんのことは、以前、『昭和へのレクイエム』(岩波書店、二〇一〇)という本の中で鎮魂している。

わたしを慕ってくれた同じ漁師の下田善吾《ぜんご》さんのことも漁民〝暴動〟の経験をふくめ、たくさんの海民の伝承を書き残しておかなくてはならないと思っている。

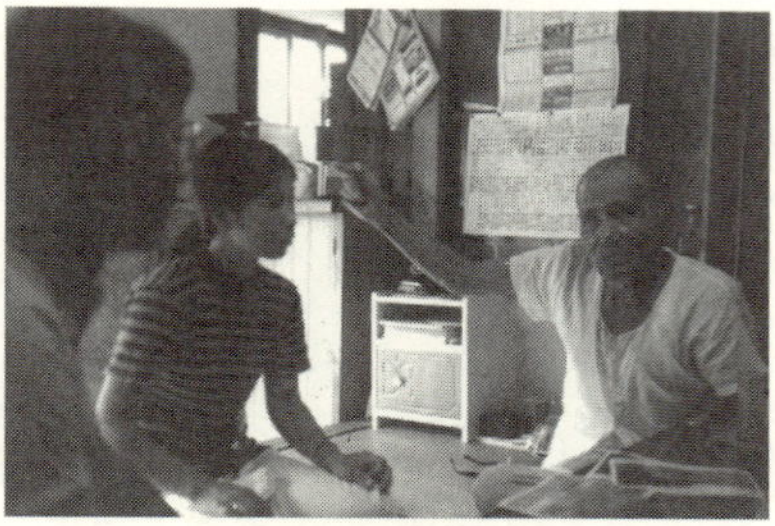

下田善吾さんから話を聞く羽賀しげ子とわたし

杉本栄子

初期の激症患者の代弁者

水俣の語《かた》り部《べ》として、晩年貴重がられた伝説的なひとりである。水俣市の最南端にある茂道《もどう》という漁村部落の網元の生まれで、根っからの漁師と言ってよい。養父の進さんも実母のトシさんも自分も、初期の水俣病患者に認定されたため、それを理解できなかった部落のひとたちからひどい差別を受け、二重の苦しみを味わった。

この人についても羽賀しげ子の『不知火記――海辺の聞き書』が詳述しているので、重複は避けるが、一〇年におよぶつきあいの中で感じた幾つかを述べておきたい。

わたしの一〇年ほどの水俣通いのあいだになんどもてなされたか。行くたびに「あよー！　センセイ、寄ってゆかんかい」と、呼び止められ、「栄子食堂」を開いていたころはその店で、そうでないときは座敷に招きいれられた。豪放磊落で開放的な網元漁師らしい威勢のいい人だったから、こちらも遠慮なく上がりこみ、獲り立ての魚などのご馳走にあずかった。

亭主の雄《たけし》さんは小柄の無口なおとなしい人で、高校出なのに漁師（それも杉本家の網子）になったという人だった。高校卒で八幡製鉄の入社試験に合格したというのに、網子になって栄子さんと結ばれたというた。

のも、変わっている。

わたしはこの二人が運転する軽トラックに乗っていたとき、不思議な会話をしているのを、しばしば聴いた。

「いま、舟魂《ふなだま》さまが鳴いたな、はよう家に帰って舟を出す手配をしなくては」とか。

舟魂さまの声を聴いた次の日は大漁のこともあるし、海が荒れるときもあるという。「どんなふうに鳴くのですか」と聞くと、

「チ、チ、チ」と鳴くのだという。

いくら耳を傾けてもわたしなどに聞こえるわけがない。

調査団員の二、三人と、舟で太刀魚《たちうお》釣りに連れていってもらったこともある。「今日は遊び。陸にいるときは鈍行に乗っとる感じじゃばってん（熊本弁で、「だが」の意味）、漁になれば体が新幹線のごたる。海にいれば勇気の湧いてくっと。」

ある夏の夕で、釣りあがってくる太刀魚がきらきら夕陽にかがやいたものだ。わたしも棹を借り、一匹釣り上げた。あたりが薄暗くなったころ、櫓を漕いで杉本家にもどる。帰るやすぐ、焼いてくれたり、刺身にしたり、焼酎まで出してくれて、宴会になる。陽気な栄子さんは唄いだし、手踊りまではじめる。わたしが褒めると、「踊りは母が師匠だよ」といって、二階にいたトシさんに引き逢わせてくれた。

トシというこの小柄な人が、あの有名な渡辺栄蔵さんの彼女だった人か、と改めて見る。わたしは栄蔵さんからその生々しい手記（トシさんとの幾晩にもわたる情交を絵入りで詳しく記したもの）を本人から借りて読んでいたので、トシさんは他人とは思えなかった。

不知火海で漁をする杉本さん一家

渡辺栄蔵は最初の水俣病訴訟の原告団長をしたひとだ。その訴訟に原告の一人として栄子さんの養父の杉本進さんも参加していた。一九六九年（昭和四四年）のことである。だが、進さんはまもなく肝臓病のため他界する。水俣病が原因だ。「裁判は最後までやれよ」と家族に遺言を残したという。

栄子さんも初期の重い激症患者として苦しんでいる。そういうとき助けてくれたのは進さんだった。

「父は死ぬまで、私が飯食うときは必ず子どもの世話をしてくれた（栄子さんには三人の小さな子がいた）。子どものおしめ替え、尻洗いすべて。私が始めればすぐ父がついとって（世話してくれた）。以前は、ごはんどきハエが一匹おっても私はたべんだった。神経尖っておって。子供がバタバタ走るでしょ、それでもうたべられなかった。

いまは主人がその役ですね、ほんなこつ（ほんとうに）幸せ。病気が良くなったとは、いつも主人に感謝しとっとですよ。主人がおらんば私はもうとっくに死んどる。」

そんな体でも栄子さんは海に出ることをあきらめなかった。

「いちばん嬉しいのはですね。家族五人が舟で勇むとき。そんときが一番うれしかですよ。

こんど久しぶりに舟に乗ったですけど、乗ればますます体が悪くなるちゅうこつは一番知っとる。――そげんことすれば子供は育てられん体になってしまうどが、長う生きられんぞ、それはわかっとるばってん、血が騒ぐ。」

栄子さんは根っからの海民なのである。

「海に出ればですね、考えを変えられる。家におればケイレンがきたり、いろいろしても治らん、医者どんに行っても治らん。じゃばってん、海に行ったら、疲れたなあという程度になる。」

「舟魂《ふなだま》さんが汽車の中でも追いかけてくっときのあっです。そげんときは、かきたてらるるですね。せっかく呼んでもらっているのに、申しわけなか、海に行かれずに。」

「――帰ってきてから、もの凄い激痛がその晩はありました。」

栄子さんの話を聞いていると、こちらの胸が痛くなる。

一〇年ほどして、わたしが水俣にお別れに行ったときは、病状も安定していて、「いまはあのころのことを、ナーンも知らない人に話してきかせる『語り部』のようなことをしていますよ」と、笑っておられた。

冒険家・登山家として特筆されるひとびと

植村直己

孤独な登山家にして極地の冒険家

植村直己《なおみ》は戦後の日本が生んだ最高の登山家、極地の冒険家の一人といってもよいだろう。一九七八年（昭和五三年）にかれが打ち立てた、犬ぞりによる単独の北極点到着の大記録は世界初であり、偉業と言うほかない。

かれは一九四一年二月一二日に兵庫県豊岡のゆたかでもない家に生まれ、早くから西欧やアメリカにわたって働き、資金を得るために苦労している。その過程で一九六六年、アルプスの最高峰モンブランに単独登頂（二三歳）。六八年には南米の最高峰アコンカグアに登頂、一九七〇年には明治大学山岳部OBとして世界の屋根エベレスト登頂を果たした。そのため、この年の八月には五大陸最高峰の完全登頂という世界初の偉業を打ち立てたのである。

その後もスポンサーを捜しながら、孤独な極地の探検に情熱を燃やしていた。かれほど輝かしい記録を打ち立てた人はいないのに、人間的には内気で、劣等感すら抱いていた。謙虚な人だった。わたしはそんな植村のはにかみぶりを目の前で見ている。

一九七八年一月のことだ。

寒い日だった。東京プリンスホテルで植村が北極点めざして旅立つ前の歓送会があるというので出かけた。電通主催のくせに会費二万円という破格なパーティだ。なんと六〇〇人も動員されている。粗末な立食パーティの割には会費が高い。スポンサーを名乗る電通の嫌らしさを感ずる。その会のやり方でも植村を猿回しの猿のように扱っていた。かれに厚い極地用の毛皮を着用させ、探険用の道具を身につけさせ、右向け左向けをさせて、観衆の見せ物にする。

植村は泣きたかったろう。暖房の効いたホテルでの厚着に、かれは汗まみれになって耐えている。屈辱に耐え、言われるままに動いてみせる。まるで檻のなかの白熊のように。いくら資金稼ぎのためとはいえ、あまりにひどい、さいごの挨拶で植村直己は本音をもらす。

「わたしはこういう所から、一刻もはやく逃げ出したい、氷の上に出たいです」と。

わたしも腹を立てる。電通などに身を売ったのは失敗だった。だが、この薄汚い商人どもとの約束なんかに縛られることなく、植村君よ、勝手にふるまえ！　後ろ足で砂をかけ、さっさと北の大氷原に出てゆくがよい。ただ記録のためなどに、断じて死ぬな、途中でひきかえすことを忘れるな、と。

植村直己は、マッキンリーの冬期単独登頂後、消息不明となった。写真は遺品のフィルムに写っていたもので、下山途中の1984年2月19日に撮影。（写真・文藝春秋）

満月の晩である。そのひかりを浴びながら寒風のなかを歩いて帰る。

植村直己は一九七八年六月、単身、犬ぞりで北極点を究め、死なずに還ってきた。わたしは胸を熱くして六月四日の毎日放送を聞いた(「植村直己、北極点に立つ」)。

それから四ヶ月後の七八年一〇月一〇日の毎日放送「植村直己、北極点を越えて四〇〇〇キロ――孤独の一六五日」は大きな感動を呼び起こした。

かれはこのために一九七三年にはグリーンランド三〇〇〇キロを犬ぞりで走破し、七四年には北極圏一二〇〇〇キロを犬ぞりで走っていたのだ。十分な準備を重ねて挑戦する努力の人だったのである。

かれが消息を絶ったのは一九八四年二月、厳冬期のマッキンレー単独登頂のときで、テントや装備などは見つかったが、未だに遺体は発見されていない。

世界中の山仲間からその業績はもちろん、人柄も愛されていた植村直己は、わずか四三歳でわたしたちの視界から消えてしまった。惜しみても余りある。

日本政府はその二ヵ月後の八四年四月、かれに国民栄誉賞を贈った。

並河萬里

史跡と文化財を撮ってあるいた世界的な写真家

並河萬里《なみかわばんり》といえば、シルクロードはじめ、世界中の歴史遺跡を訪ねあるいて、芸術的な写真を撮ってあるいた人として世界的に有名である。代表作は一九七三年に新潮社から刊行された大著『シルクロード文明』全二巻（一九七二、七三、各五万円）であり、①は「古代都市の神秘」、②は「現代に息づく文化財宝」である。

当時、わたしも「ユーラシア大陸横断」の旅行記『ユーラシア大陸思索行』（平凡社、一九七三）を公刊したばかりであり、親近感を持っていたので、かれの著作②の執筆者に加わっている。井上靖、前嶋信次、加藤九祚《きゅうぞう》、草野心平らと並んで。

この本は①②あわせて一〇万円もする豪華本であった。中央アジアの旅行家として先駆していた、かれの父、並河亮も「ガンダーラと中央アジア」の文章を寄せている。

この他に、並河萬里は一九七六年に廉価版の『シルクロード』を上梓した（新潮社、八〇〇〇円）。わたしはかれから「謹呈」された。その出版記念会が都心のデパートで開かれたとき、歓談したことはよく憶えている。並河は一九三一年生まれ、六歳年下である。それなのに二〇〇六年、肺がんにより七四歳で死んでしまった。栄誉に満ちた世界的な写真家なのに惜しまれる。

その栄与の一端を列記してみよう。

一九六六年　フランクフルト写真集団特別賞
一九六七年　スペイン事業文化賞
一九六八年　グァダラハラ市（メキシコ）文化功労賞
一九七〇年　グラナダ写真協会国際賞
一九七一年　日本写真家協会賞
一九七二年　ペルシャ建国二五〇〇年式典でのイラン皇帝より文化賞

並河萬里

一九七五年　メキシコ合衆国名誉勲章、等々

写真の他にかれの著作は三四冊余に及ぶ。努力家だったのである。

かれは戦時中、一時、松江市に疎開したことがあるが、ほとんど東京で暮らしている。明星学園の高等科を出て、日大芸術学部の写真学科を卒業、父の影響を強く受けている。それにしても「並河」に「萬里」とは、良い名をもらった。それはかれの一生を象徴するものとなった。かれが行ってないのは、チベットぐらいではないのか。

二〇〇六年五月七日、神奈川県の病院で死去したが、この世界的な写真家の業績に、日本国はなんの関心も示さなかった。

手塚宗求

ヒュッテ・コロボックルの主人、山を愛した随筆家

コロボックルという小屋は信州の霧ヶ峰高原にある。と、言っても霧ヶ峰の集落（約一〇〇〇メートル）から徒歩で東へ一時間ほど登った車山（約一九〇〇メートル）の肩にある。

五〇年ほど前には車山には一軒しかなかった。もちろん車道などなかった。小屋には井戸も電気もなく、ランプの下、薪ストーブのわきでゴロ寝する板の間しかなかった。強風が吹くと冷えた。吹雪のときは外へ出られなかった。そんな昭和三〇年代からわたしはコロの定連の一人だった。

そのうち手塚さんと意気投合して、一九六二年（昭和三七年）、かれが子ども（貴嶺《たかね》くん）を育てるためにつくったコロの下の小屋に、わたし用の八畳ひと間をつけてもらって、そこを仕事部屋に使っていた。一九六七年に刊行した『近代国家の出発』（中央公論社）はそこで書いた。編集者が霧ヶ峰のバス停から馬に乗って原稿を取りに来た情景を懐かしく思いだす。

そんな小屋で手塚さんもせっせと原稿を書き、串田孫一《くしだまごいち》さんが出していた『アルプ』（創文社）に山の随

コロボックル・ヒュッテ前の手塚さん一家（幸子夫人、貴嶺くん、宗求さん）（1961）

想を連載していた。「それをまとめて本にしたら」と私がすすめて、筑摩書房のスキー好きな友人で、親しい編集者の谷川孝一さんを紹介し、最初に出したのが『邂逅《かいこう》の山』（筑摩書房、一九八〇）である。それから手塚さんは『遠い人、遙かなる山』（筑摩書房、一九八一）、『霧ヶ峰通信』（信濃毎日新聞社、一九八八）、『高原の花物語』（恒文社、一九八九）とつぎつぎ本を出した。そして日本エッセイストクラブの会員となった。

一九八〇年七月一二日の私の日記に最初の本『邂逅の山』（筑摩書房）の出版祝賀会の記事がある。長文だが引用してみる。

「霧ヶ峰へ。谷川孝一さんの車に乗せてもらってゆく。コロボックルの手塚宗求さんの本が出来上がったので、それを持ってゆく。この日、奇跡的に晴れ間があらわれる。昨日まで一週間も雨がつづいていたというのに。

コロはお祭り気分。盛大な内祝い。夫人の幸子さんや池さんの二日がかりの手料理で、白布をかけられた大テーブルの上がいっぱいになるくらい。こんな凄いごちそうに私は山小屋でめぐりあったことはない。」

「ステーキ、焼魚、サモン、手製のサンドイッチ、ケーキ、それに野菜サラダ、お祝いの赤飯、スープ、生ビールの樽、上物のウイスキー、ワイン、日本酒。池さんや弟さん、フリーの遠方のお客さんも加わって十人近い賑やかなパーティとなった。」

かれの『邂逅の山』は一日で十数冊も出る。手塚さんは心から嬉しそう。なんどもなんども感謝される。こんなに言われてみると、「ああ、おれも少しはひとさまのためになれたのかなァ」と思う。夜更けて戸外に出た。身震いがするほど寒い。しかし、満天の星、頭上高く銀河が見える。これぞ『星の牧場』！　心からのもてなしに感謝しつつ、ゆっくり和室で眠る。翌日、クヌルプに松浦さんを訪ねる。」

手元に手塚さんからの手紙がある。

一九八八年のものには『霧ヶ峰通信』が大好評であるということ。掲載された『山と渓谷』誌の記事や信濃毎日の紹介記事の切り抜きが同封されていた。かれは嬉しそう。もう一通は日本エッセイストクラブの件で、入会できたらどんなに嬉しいだろうと、斡旋をわたしに懇願したもの。

「お多忙のところ、早速にご配慮いただきまして有り難うございます。クラブのメンバーを一覧すると錚々たる方々のお名前が目に付きまして、入会が許されたとしましたら、誠に光栄のいたりであります。同時に真にエッセーイストとして続けられものかと不安と責任も交錯する思いです。」

この年末の二六日には政治向きのめずらしい手紙もくれている。

「お元気でお過ごしと拝察しております。こちらのローカル紙に『日本はこれでいいのか市民連合』（代表色川大吉）は長崎市長発言（天皇に戦争責任ありとの）を支持する声明をしたとありました。私も同感です。私も強く賛同をいたしております。」と。長崎市長はこの発言により直後に銃撃され、大問題となった。

一九八九年の手紙では『高原の花物語』を書評して下さいとの依頼が、一九九一年のには世田谷の子ども

コロの下の小屋、右半分は私の部屋、今はない

の登山学校の研修会や、車山のホテル宿泊の中学生に山の話をしたりという活動ぶりが報告されている。手塚さんの存在が大きくなり、社会性を帯びてきていることが分かり、大いに共感した。そして、この間に、かれは六〇歳を迎えるのである。

かれとわたしの共通の家（通称、コロの下の小屋）は、しばらく使わないでいるうち豪雪の重みで潰れてしまった。もう、わたしも再建するつもりはなくなり、かれは上の営業小屋に水道や電気をひいたり、新たに部屋を建て増ししたり、投資して、そこに住むようになった。

一軒きりだった車山に何軒もの営業小屋や観光施設ができ、山道も大改修され、大型の観光バスや乗用車がどんどん入り、美ヶ原まで行けるようになると、コロの希少価値はまったく失われた。そして長男の貴嶺くんが営業小屋やコロの売店をとりしきるようになると、わたしの足も遠ざかっていった。こうして手塚さんに逢わないでいるうち、かれが病死したことを知ったのである。あとに幾冊もの名随筆集を残して。

昔の山小屋をそのまま残している霧ヶ峰沢渡りの、クヌルプには、その後も何度も足を運んでいるが、その主人、松浦寿幸さんから手塚さんの訃報を聞かされた。改めてこの五〇年の友情はなんであったか、こみ上げてくる想いがある。

佐藤春郎

登山家にして著名ながんの基礎研究者

戦時下の一九四一年（昭和一六年）、わたしが仙台にあった旧制の第二高等学校山岳部に属したとき、春郎さんは東北帝大の医学部に進学していたように思う。一九四五年に同大を卒業しているから。その間もなにかと山岳部の後輩の面倒をみてくれていた。生涯、尊敬することができた得難い先輩である。二高山岳部出身者には医学部に進んだものが多かった。同級の葛西森夫や高橋昌福もそうである。

わたしは知らなかったのだが、佐藤さんはがんの基礎研究では著名な人だったらしい。東北大で病理学を学び、碩学吉田富三教授の直接の指導を受けたという。一九五〇年、東北大医学部助教授となり、その後、アメリカの国立癌研究所の研究員として派遣され、四年間学び、がん化学療法の基礎研究に打ち込んでいる。非常に早い渡米留学組の一人である。

そんなことをわたしはさっぱり知らなかった。お逢いしても山の話しかしなかったから。蔵王の清渓小屋での冬山合宿でもよく逢っているが、福島におられるのは福島県立医大の病理学教室教授をしていたからだということを聞きもしなかった。一九五六年のころである。

わたしはそのころ定職もなく、浪人の貧乏暮らしをしていたときだから、関心もなかったのであろう。そ

山の友人、故丸山進を奥三河に訪ねて　左から色川、佐藤春郎と山の友人

れはともかく一九六〇年に新設された東北大学抗酸菌研究所の高層ビルに佐藤さんを訪ねたことがある。何かの寄付をもらいに行ったのであろう。佐藤さんはいつからか、その抗酸菌研の肺がん部門の教授をしていた。あとで知ったことだが、その研究所の所長を一〇年ほど勤めて（一九七五〜八四）、六五歳で定年退職している。

わたしたちとチベットの最高峰に遠征したのはその二年後、福島労災病院長のころである。一九八六年、東北大学西蔵学術登山隊が結成されたが、そのとき全体の実行委員長を佐藤春郎さんが、登山隊総隊長を葛西森夫がつとめた。わたしは人文班を率いる学術隊長として参加した。その時のことは詳しい記録『雲表の国――青海・チベット踏査行』（小学館、一九八八）にあるが、ここでは佐藤春郎さんについての思い出を書く。

人文班が青海省の西寧からチベットのラサまで二〇〇〇キロの西蔵公路を史跡調査しながら二ヵ月余、悪路を車で行き、ラサについたとき、当時はまだお粗末なホテルだったラサ飯店には日中学術交流団長として佐藤春郎さんが空路先着していた。

わたしたちはポタラ宮殿の文物調査とチベット最奥地のカイラス行きを企図していたので、佐藤さんに仲介してもらったのだが、なかなか埒《らち》があかなかった。中国側がチベット文化に理解がなく、強く拒んだため、ポタラ宮だけで聖山カイラス行は断念した（その六年後、秘境カイラス行を実現したが）。

このラサ滞在中に悲劇が起こった。五月四日、シガツエに出かけた交流団員のひとりが急死したという電報がはいった。誰だろう。佐藤さん、岩井昂さん、山縣登さん、中村一男さん、みんな四〇年来の二高山岳部、東北大山の会の敬愛する先輩だ。そのうち交流団が戻ってきて、亡くなったのは山縣さんだという。わたしは絶句した。

なぜ、あれほどのベテランが。こんどもペルーアンデスに行き、高所順応を行い、自家用の酸素ボンベまで用意してきた人ではないか！　そこに佐藤春郎登山隊実行委員長が疲れきった顔をして帰ってきた。肩を抱きあって涙を流す。

仙台の佐藤宅で、左から春郎さん、夫人、色川　右は本島夫妻（1973.7.7）

聞けば昨夜はラーメンなどを一緒に食べて休んだのに、朝方、同室の中村さんが気づいたときには、ひとりで椅子にもたれて息切れていたという。団長の伊東将椒《しょう》先生（東北大山岳部長）もシガツエから帰ってきた。死因をめぐって日中で所見が違ったため、夜、人民病院で解剖することになった。終わったのは深夜一時を過ぎていた。

翌日、相原坦道《たんどう》医師から「やはり肺水腫《はいすいしゅ》による急性心不全だった」と聞かされて暗然とした。肺水腫は高山病でも進行が早く、低地におろさないかぎり、短時間に致死的な状態になる。半月前に私自身、ラサへの途中、四〇〇〇メートル地点で肺水腫となり、即日二八〇〇メートル地点までおろして貰って、危機を脱したことがある。

山縣さんの遺体は荼毘《だび》に付せられ、その遺骨や灰はラサ近郊の鳥葬場でチベット式に処置された。立ち会いは禁じられたので、わたしは岩陰から望遠レンズで撮影した。たくさんの禿鷲《はげわし》が空を舞っていた。

五月六日、葛西森夫が指揮する登山隊がチベットの最高峰ニェンチェンタンラに初登頂する前日、佐藤さんは級友山縣さんの遺骨を抱いて、空路帰国していった。

山縣登は国立公衆衛生院の名誉教授、南極大陸にまで調査に行った地質学者であり、高名なセシウム学者でもある。

佐藤春郎はそれから一〇年後、吉田富三賞を受賞し、東北大名誉教授として勲三等旭日賞を受賞しているが、わたしはそんなことに頓着せず、晩年まで山の先輩としてつきあった。目をつむると、いまでもその温顔が浮かんでくる。

二〇〇二年七月、八二歳で逝去された。

北野比佐雄

一緒にユーラシア大陸を横断した友

北野比佐雄《ひさお》さんはわたしと同じ大学（東京経済大学）の職員だった人で、クルマなどの整備のベテランだった。わたしがユーラシア大陸四万キロをリスボンからカルカッタまで走ろうと、密かに計画していたとき、いちばんに参加してほしかった人はかれだった。口数の少ない、もの静かな謙虚な人柄がいっそうかれを魅力的にしていた。

隊員の最終選考はアメリカでした。一九七〇年（昭和四五年）秋から東部の名門校プリンストン大学に客員教授としてわたしが赴任していたからである。じつは渡米前にこの計画は立てていた。それを洩らしたら、すぐ二高以来の同級生で弁護士の橋元四郎平《しろへい》くんが「おれも連れていってくれ」と名乗りをあげた。当時、わたしの研究室の副手をしていた江井英雄くんも、それを知って同行を願いでた。

そのときわたしがいちばん頼りにしていた人は北野くんだから、かれにはわたしの方から打診した。かれは喜び、「大学には半年休暇願いを出します。ぜひ参加させてください」という返事をくれた。

クルマ（フオルクスワーゲンの小型の探検用キャンピングカー）はわたしがアメリカで選んで購入契約をし、翌年春、ドイツで受けとった。即金で一〇〇万円支払ったように思う。江井くんはわたしを頼ってプリンストンのわたしの家に来ていたので、そのまま一緒に渡欧した。一九七一年五月、ふたりで新車を受けとり、西ドイツを南下し、南フランスやスペインを走って、一足早くポルトガルの最西端リスボンに着いていた。

橋元くんと北野くんは空路はるばる東京からパリ経由、リスボンにやってきた。それからはテント生活や野宿が多く、西欧、北欧、南欧をめぐったが、江井くんはドイツから、橋元くんはギリシャから帰国していった。夏の季節も終わり、秋になると、三人きり（わたし、北野、それにオスロから合流したカメラマンの本橋成一）の淋しい旅になった。

左から北野、橋元、本橋（ギリシャにて 1971）

トルコからイランやアフガニスタンに向かう途中、自炊の焚き火をかこんで、よく話し込んだものだ。あのころの銀河の輝きや曠野の風のうなり、住民との交流、それらの委細は『ユーラシア大陸思索行』（平凡社、一九七三）に詳しく記しているので、繰りかえさない。

旅行中、イスタンブールで知り合った日本語を話す一六歳の少年スワット・イシコロット君が、わたしの推薦で来日し、サンケイ奨学生として修学していた。そして学業を終えて、いよいよトルコに帰国することになったとき（一九七四年九月）、ユーラシアの仲間たち、橋元四郎平、本橋成一、北野、わたしの四人が水道橋のグリーンホテルに集まり、お祝いした。わたしはイシコロット君にたくさんのお土産をカバンごと進呈した。それから五人で、新宿にくりだし刺身定食などをご馳走したが、このとき帰国の手続きを世話したり、いろいろ持たせたりして、一番よくしてくれたのが北野くんであった。

それからでも三五年くらい経った。その間にわたしは大学を辞めていたが、北野くんとの親交はつづいていた。

二〇〇九年五月三一日に、一年ぶりくらいでわたしが東京で講演をしたとき、見ると北野くんが来ていた。「フォーラム色川」の主催で、安東つとむくんが設営した代々木の小さなビルの九階のホールでの小集会だった。一〇〇人定員に九〇人くらい集まっていたろう。話題は時事論の枠をこえた自由自在なもので、そのあと、二次会があり、これが三時間もつづいてわたしは疲労困憊した。

見ると、井上由美子さんも埼玉から和服でみえている。葛西ゆかと村上素子も来ている。ゼミのニセ学生だったものがほとんどで、九時半、代々木駅でみんなと別れた。

16 世紀の航海王エンリケ王子の旅だちの大リーフの前に（1971）

その翌日、二〇〇九年六月一日付けの北野さんからの手紙がある。
「拝啓　昨日はお元気なお姿を拝見して安心しました。久しぶりに先生のお話をお聞きして、昨晩は気分が高揚して寝付けませんでした。
一九七一年にユーラシア大陸をさ迷いながら、毎晩、先生を囲んで、いろいろなお話を聞いたときの、新鮮で刺激的な思いが、あざやかに蘇ってきました。私は半年間も豊潤な時を過ごせたことを改めて幸いに思います。そんな気分にひたって眠れませんでした。

世界の文明や人びとに接したことより大きなこと、何か人間の根源にある心根に響くものがあのときに存在していました。それが甦ってきました。学生や聴講者も先生と接し、お話しする中でこれを感じるのです。歴史家としての先生の生き方への感動です。先生はとても魅力的です。

年齢とともに保守化している自分には「問題、課題を見つけたときに即行動することが大切だ、後では手遅れだ」とのお話が身に沁みました。点検、検証をふくめてきっちりと対応できる人はほとんどいません。先生はこの姿勢を持続されています。並大抵のことではありません。いろいろ考えると先生の生き方はスジが通っていて、ぞっとするほどの凄みをもっています。壮大なドラマです。なんだか少し昂奮して筆をとってしまい、生意気なことを申しあげてしまいました。お許しください。どうか、お元気でお過ごしください。

二〇〇九年六月一日

敬具」

本橋くんの写真展に集まった４人
左から橋元、色川、本橋、北野

過大にすぎる評価で身の縮む想いだが、そう誤解されるのも、わたしの演技じみた自己表現の仕方に原因がある。

その二ヶ月後の八月一日に、橋元四郎平くんががんで亡くなった（橋元は最高裁判所の判事をつとめたあと、弁護士事務所を経営していた）。その葬儀の前、わたしは体調不良になり、急遽、北野くんに弔辞の代読をお願いした。じつは橋元くんが倒れる少し前、本橋成一くんの写真展を見に、四人で集まったことがある。そのときも橋元くんはあまり元気ではなかったが、まさかこんなに急に逝ってしまうとは思わなかった。

そのわずか三年後だ。こんどは北野比佐雄くんの突然の死のしらせを受け、茫然となる。二〇一二年一一月二二日、朝早く、北野くんの奥さんから長い電話があり、かれがアッというまに亡くなった前後のことを詳しく話された。床のなかで涙をこぼし、一時間も回想し、起きられなかった。

すぐ本橋成一くんに電話したのだが、どこにいるのか、かれはいつも通じない。橋元四郎平くんが死んだのは三年前、これでユーラシアの四人の仲間のうち二人が消えてしまった。北野くんは六八歳だったという。優しい、かけがえのない友人だったのに。

作家、歌人、文明評論家でもあったひとびと

安岡章太郎

文壇の大御所と言われた作家

かれは一九二〇年（大正九年）生まれだから、わたしより五歳も年長だ。それなのに大学を卒業したのは一九四八年で、わたしと同年になる。どうしてこんなに違ったかは、戦前のかれの波乱に満ちた経歴を振り返らないと理解できない。

わたしはこの人とはなんども対談したり、座談会に同席したり、テレビで向かいあったりしたが、戦前の話をしたことがない。ただ、かれが『流離譚《りゅうりたん》』（新潮社、一九八一）という半自伝的な作品で先祖のことを書いたとき、わたしは明治史家として土佐高知の安岡家を訪ねたことがある。幕末の土佐勤王党の有名な郷士の家で、かれの一族の人から昔話を聞いてきた。

かれの父方は土佐勤王党だった関係で、幕末には板垣退助の率いる尊皇倒幕の軍に参加している。息子の章太郎は父の仕事（陸軍獣医官）の都合で生後すぐに高知から千葉県の市川に転居、その後も善通寺や小岩、ソウル、弘前と転々としている。小学五年から東京青山や目黒で育ち、青山南小学校や東京市立中へ進んだが、劣等生で不良少年だったため、一九三九年は浪人、四一年にようやく慶應義塾大学に入った。一九四四年、学徒動員で陸軍にとられ、満洲に送られたが、肺結核になり、四五年除隊となり、内地に送還された。

安岡章太郎

敗戦後はみじめだったらしい。父が陸軍少将だったため、公職追放される。その貧窮のなかで、かれは脊椎カリエスになり、苦しんでいる。とはいえ、吉行淳《よしゆきじゅん》之介《のすけ》や阿川弘之《あがわひろゆき》らとコルセットをつけながら、盛り場などを遊び歩いていたという。

大学の英文科を卒業したのは一九四八年、文学青年として書いた『ガラスの靴』が芥川賞候補になったのは一九五一年、『悪い仲間』『陰気な愉しみ』で芥川賞を取ったのが一九五三年、三三歳。この後のかれは順調だ。当時の出世組が辿ったエリートコースをかれも辿る。一九六〇年代、ロックフエラー財団資金を受け、アメカに渡り、ナッシュビルなどに滞在、帰国してすぐ『私のアメリカ紀行』『アメリカ感情旅行』などを発表している。達意の文章と鋭い批評性を獲得した安岡は、七〇年代の文壇の中心的存在となる。芥川賞の選考委員をはじめ、多くの文学賞推薦委員となり、大御所的な自信を持ったのであろう。

「自分のように偉くなった人間でも、旧藩主山内侯と同席したときは体が硬直した」などと、対談のあと、わたしに本音《ほんね》を漏らしたことがある。かれは本気に「自分を偉い存在だ」と思っていたらしい。このときは、わたしを見るかれの目が節穴であったことと、自分が哀れな精神の奴隷性の持ち主であることに気づいていなかったようだった。

その日のことは一九八一年五月二九日のわたしの日記にくわしく書かれている。

「赤坂プリンスホテルの本館で安岡氏と対談。七五、六年ごろ何度も対談しているので、逢えばやァやァということになる。かれは『流離譚』を書き上げ、わたしは『自由民権』を書き上げての対談である。これを元に『自由民権百年』運動につなげられればよい。

わたしはもっぱら聞き役にまわった。フランス料理はうまかった。一二時から三時近くまでやった。予想外の話しは聞けなかった。ただ、一つ面白かったのは、安岡が旧土佐藩主の息子と同じ飛行機で土佐に行ったとき、緊張したというときの話しぶりだった。

「体が言うことを聞かない。山内侯の前で硬直しちゃった」という。そのとき、迂闊にもポロリと本音を漏らした。「私のように偉くなった人間でも、旧藩主の前では……」と。安岡章太郎の正体見たり。「私のような偉くなった人間」などとよくぞ言ってくれた。」

そういえば五年前の一九七六年一月一二日にもこんな記事がある。

「安岡と『山家や』で対談（雑誌『潮』の）。「安岡章太郎なる作家、わたしと幾つも違わないのに、まるでお爺さんと同席しているような気持ちになるから驚く。この世の中で自分ほどうまい文章家はいないと自負しているらしく、酒の合間にそんなことを口走る。天真爛漫な人なのである。じぶんは堅気の世界から逃げ、ヤクザな稼業に身をおとしているかのような口ぶりだが、どうしてどうして大先生、たいへんなご出世でございますよ。さぞかしこの世が楽しくてたまりませんでしょう。」

日本は「文士天国」だなと、こういう人と対談していると思う。

二〇一三年一月、九二歳になった大先生は老衰で大往生した。文化功労者のメダルに飾られて。

内田しづ（静子）

『つきひしずかに』を残した歌人

　内田しづは画伯内田巌の夫人である。ずいぶん昔、半世紀もまえに知りあった。しづさんのことを書くには、巌さんとの出会いのところから始めなくてはならないが、すでに内田巌のところで詳しく述べているので省く。

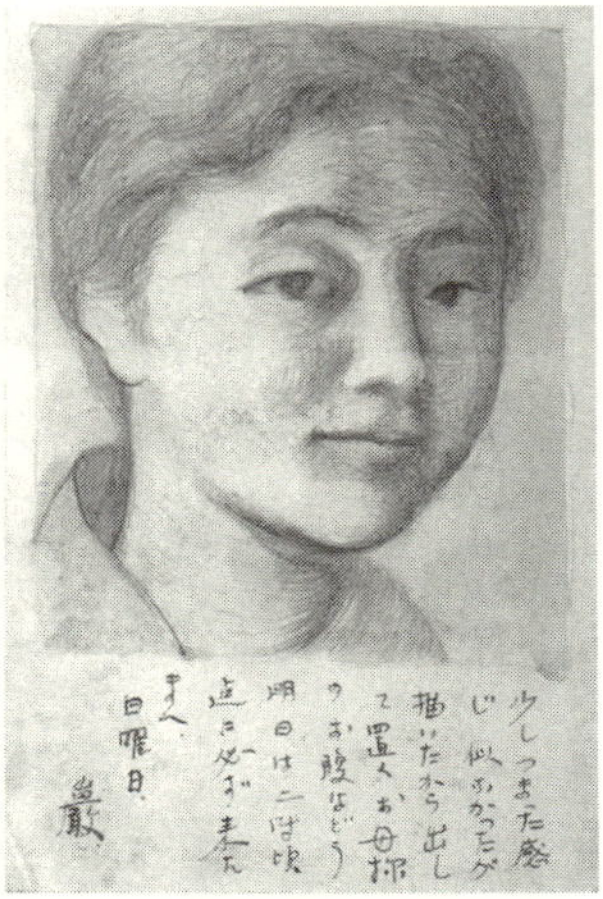

内田巌から静子へのラブレター

　内田しづさんはこの巌さんを見送った後、半世紀も生きておられた。

　しづさんは九〇歳を過ぎ、二〇〇五年（平成一八年）一一月に亡くなられた。わたしが『カチューシャの青春』を送った直前であった。娘さんたちがその本の一節を母の追悼の会で読み上げてくれたという。

　いつだったか電話があって、巌さんの絵を買ってくれないかと言われたことがあった。わたしは丁度、長い旅に出かけるまえでお逢いできず、鄭重にお断りしたが、お金に困っておられたのだろうか。

長い孤独な晩年の暮らしは、どんなにか淋しかったであろう。お嬢さんや孫たちもおられたのだから、賑やかに暮らしておられるのだろうと、想像していたのだが、浅はかであった。残された短歌を見ると孤独感に満ちている。

晩年のしづさんは多くの歌をあとに残されたが、次女の路子さんと三女の絢子さんが協力して、その遺作を『つきひしずかに』という歌集として出版された（二〇〇七年）。そこには沁み入るような孤独な歌もある。

月日寂かにわれに過ぎゆく　言わざれば言わざる言葉深く沈めて
ひとり住む世界を探す　日の暮れは陸橋に赤き夕日追い来て
声あげる悲しみ内に棲まわせて　暮れゆくわれの八十二年

大塚恵子

看護師にして歌詠み

この人とはじめて逢ったのは一九四八年（昭和二三年）のことだから、わたしが二三歳、この人は一七歳、わたしが新制中学の教師として、東京から栃木県粕尾村に赴任したときだった。

はじめ同行した東京大学国史科の同級生、野本貢《みつぐ》くんの実家に厄介になっていたのだが、かれの家は狭く、家族との雑居なので、当時、議員もしていて村の名士である大塚正主郎《しょうしゅろう》さんにお願いして、その離れ座敷を借りることになった。

引っ越しは野本が手伝ってくれた。少しばかりの本と衣類と、布団包みだけだったから、二人でリアカーを引いていった。春、四月の半ば、桜が咲き始めたうららかな日であった。

そのころのわたしは大学を出たばかり、思い上っていて、はたから見たら鼻持ちならない存在だったろう。そのため中学校の教員室では同僚から反発され、孤立し、結局、自己批判させられるという始末であった。

大塚家ではそんなわたしを、たいへん大事にしてくれた。とくに文学少女であった恵子さんは良くしてくれた。恵子さんの妹で、一〇歳ほど年下の華子《はなこ》さんは、まだ、七歳くらいの子どもで、わたしがそのころはやりの「花より綺麗な華子さーんよ」と唄ってからかったことがあった。華子さんもそれを憶えていて、五〇年後の一九九九年一月にこんな手紙をわたしにくれている。

「先生からお便りをいただけて、どんなにうれしかったことでしょう。私が山登りの友人たちに自慢したのが、容易にご想像いただけると思います。きょうは、姉、恵子のことを書きます。もし、姉が生きていたら、わたしは先生に手紙を書くことはなかったと思います。

姉は昭和六一年五月一三日病死いたしました。五四歳でした。四〇代の半ばで乳がんになり、手術後五年目に再発して、さらに五年の闘病でした。その間もずっと看護婦の仕事を続けていました。家族の誰にも一度も涙を見せることもなく、静かな死でした。花に満ちた美しい五月のあの日、野の花を手折って姉の棺に入れてあげました。

（中略）

先生のお名前を新聞や雑誌で目にしたとき、いつも恵子姉のことを思いだします。姉にとって先生は尊敬する大切な人であり、もしかしたら（いやきっと）初恋の人ではなかったかと思われるからです。（後略）

一九九九年一月一五日　　　　　　　　　　　　　　　　　　　華子」

この手紙をいただいてからでも一四年になる。それから華子さんは野の花や植物を描いた手刷りの美しい絵葉書をわたしに送りつづけてくれた。それは百枚ちかくにもなろう。去年（二〇一二年）でこの「華子の花だより」は一区切りついたが、その便りのなかで、姉の恵子さんに触れたものは稀にしかなかった。

ふりかえってみると、わたしは一九七〇年代に、一度、宇都宮から上京した恵子さんに逢ったことがある。二〇何年ぶりかであろう。恵子さんが歌集『雑木林』を刊行されたのは、一九七二年であったから、その前だろうか。歌集の話はその折、まったく出なかったのだから。

いまから思うと、乳がんになられるまえであろう。そのときは元気で病院勤めの話をしておられた。わたしは彼女が二〇代半ばで川崎の人のところにお嫁にゆき、「九年間の妻として、母親としての座」を生き、発病して、離別、三五歳で看護学校に入り、病院内の寮で歌作りをはじめたという遍歴を、『歌集』のあと

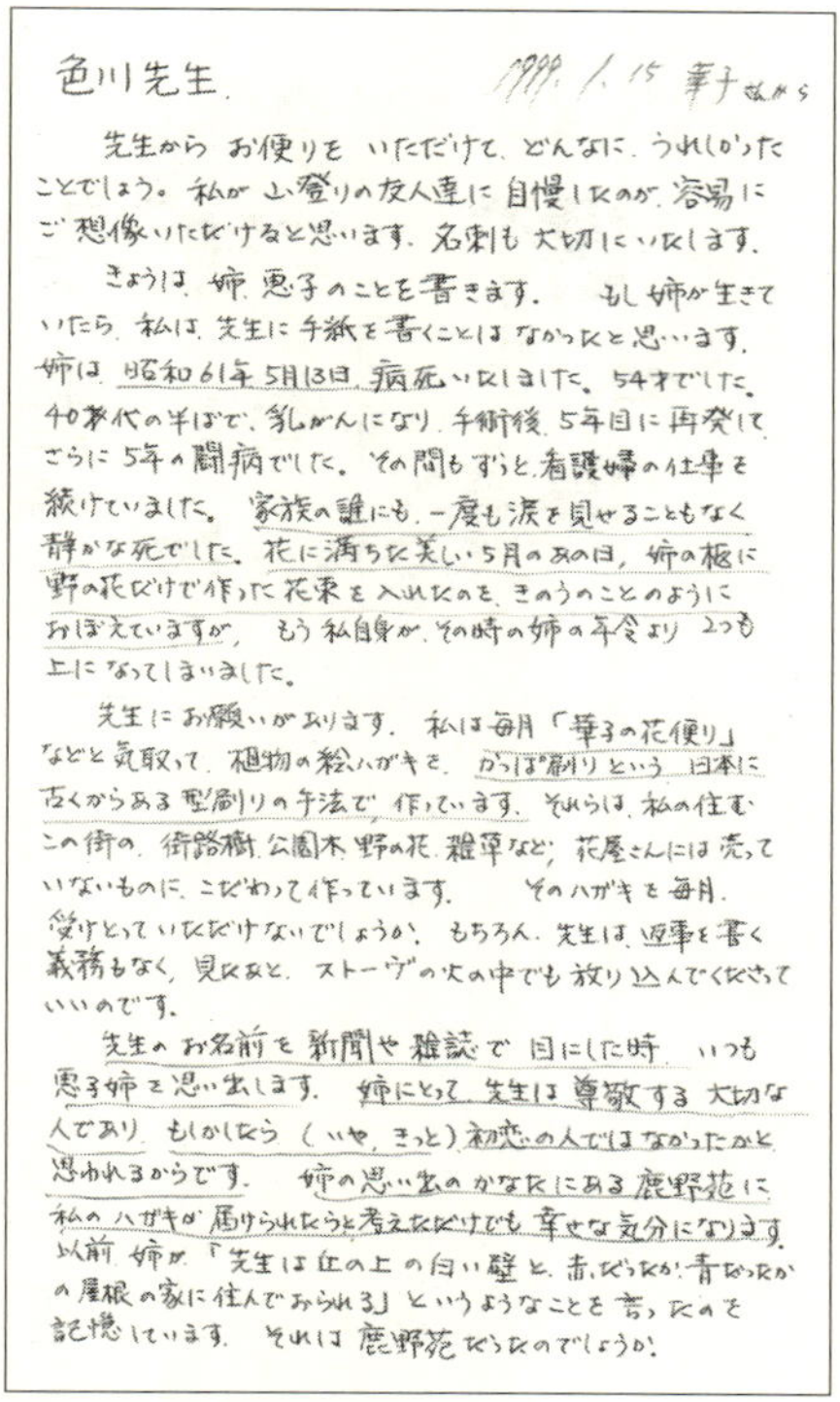
色川先生　1999.1.15 華子さんから

先生からお便りをいただけて、どんなにうれしかったことでしょう。私が山登りの友人達に自慢したのが、容易にご想像いただけると思います。名刺も大切にいたします。

きょうは、姉、恵子のことを書きます。もし姉が生きていたら、私は、先生に手紙を書くことはなかったと思います。姉は昭和61年5月13日、病死いたしました。54才でした。40才代の半ばで、乳がんになり、手術後、5年目に再発して、さらに5年の闘病でした。その間もずうと、看護婦の仕事を続けていました。家族の誰にも、一度も涙を見せることもなく静かな死でした。花に満ちた美しい5月のあの日、姉の柩に野の花だけで作った花束を入れたのを、きのうのことのようにおぼえていますが、もう私自身が、その時の姉の年令より2つも上になってしまいました。

先生にお願いがあります。私は毎月「華子の花便り」などと気取って、植物の絵ハガキを、かっぱ刷りという日本に古くからある型刷りの手法で、作っています。それらは、私の住むこの街の、街路樹、公園木、野の花、雑草など、花屋さんには売っていないものにこだわって作っています。そのハガキを毎月、受けとっていただけないでしょうか。もちろん、先生は、返事を書く義務もなく、見たあと、ストーヴの火の中でも放り込んでくださっていいのです。

先生のお名前を新聞や雑誌で目にした時、いつも恵子姉を思い出します。姉にとって、先生は尊敬する大切な人であり、もしかしたら（いや、きっと）初恋の人ではなかったかと思われるからです。姉の思い出のかなたにある鹿野苑に私のハガキが届けられたらと考えただけでも幸せな気分になります。以前、姉が「先生は丘の上の白い壁と、赤だったか青だったかの屋根の家に住んでおられる」というようなことを言ったのを記憶しています。それは鹿野苑だったのでしょうか。

華子さんからの手紙

歌集『雑木林』（1972 年刊）
宮澤恵子はペンネーム

がきを読むまで知らなかった。だから、お逢いしたのは七二年以前ではないかと思う。

その後も、病院からなんどか電話をもらったが、再会の機会はなかった。乳がんのことはひと言もわたしに話されなかった。気配りをする優しい人だったから。華子さんのいう、わたしへの愛情が伺えるのは、歌集の次の作歌群においてであろうか。

今宵また松本清張と語る旧師をテレビに観つ　偲びし戦後敗戦

清張の歴史小説書く手段　根掘り問うは我が旧師なり

来年はユーラシア横断を車でと　予定を語る旧師はテレビに

ユーラシアの旅のことが出てくるから一九七〇年のものであろう。恵子さんにはわたし以外にも関心のある人がいたらしいことは、その後の次の歌からもわかる。お相手は病院の医師であったかも知れないし、事務長だったかもしれない。歌はそこはかとしたこころの跡をとどめる。

一日中微笑みて患者に向かふ君　日長き夕べには疲れしと見き

わが部屋など訪ねることなど無かりしと　思へど今宵酔ひて入り来る

その恵子さんがまだ二〇歳代のころ、粕尾で書かれた大学ノートが、なぜか、わたしの手許に送られてきて、もう何十年も経つ。推敲されていないペン字の走り書きで、母親との確執や青春の煩悶がはげしい口調で吐露されている。なぜ、こんな二二冊もあるプライベートな手記をわたしに託してきたのだろうか。その中には母を怨んで、母の着物を庭にひきずりだし、火をつけて燃してしまうという激しい場面まで書かれていた。

さらに、もう一冊、これは手紙形式の日記で、恵子さんの三〇歳代の筆跡、わたしの最初の欧州、中央アジア旅行の期間に書かれたノートがある（一九六七年七月一八日から一一月一六日まで）。ここにはわたしが忘れてしまったような数々のエピソードが記されていた。また、自分のその後の消息も。

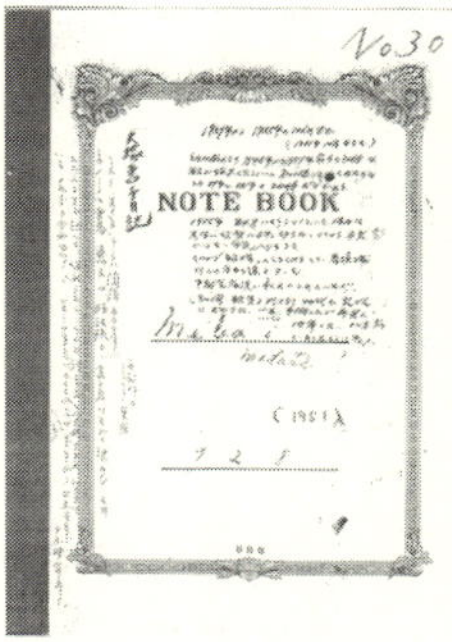

大塚恵子日記 No30
（1951）

「私は三五歳であっても、寮に住む見習いであるだけに、朝は勤務時間より五〇分間早出して掃除や注射器の消毒、取り散らかしている机上や診察室のかたづけ、薬局の掃除、電話番、早出患者の応対やら、目に見えない仕事がかぎりなくあって、時計を見ながら朝食につきます。
ここでの食後休みは五分となく、外来にもどり、残りの朝の仕事をするのですが、古顔をよいことに、一日中の勤務を遊び同然な人から文句でもくどくど言われようものなら、いくら静かにしていようとする私でも腹立たしくなってきます。女子見習いは五人だけですし、外来勤務の寮住まいは私だけですから。大勢の目にとまる場所なのです。
こんなとき、二年前ぐらい前の私でしたら、「川崎にいたら、こんなことはなかっただろうに」と涙ぐんだかも知れませんが、今では表情を変えることなく、その仕事を始めることができるようになりました。

栗いがの針青くして病院の　庭に落ちると白き手に戴《の》す

今になってみれば、過去は苦しいことも多くても楽しい思い出となっていますが、その当時はだれしも懸命に生きてきた日月だと思います。私も自分にしては押しつぶされた青春から結婚し、商店を持ち、子どもを二人育て、八年後の私の病気、そして離婚にいたるまで、真剣な生活の連続でした。離婚にまで至らしめた病気の原因については、他人には、そして先生にはいっそう話したくないものですから、このくらいにしておきます。」

想えば、わたしの旅のことを一冊のノートに書いてくれた一九六七年から、恵子さんは二〇年も生きていなかった。あれほど人生に美しい夢をもち、文学を愛した優しい人だったのに、その夢の半ばもかなえられず、五四歳で亡くなってしまうとは、なんと無念なことであろうか。

ここまで書いて華子さんにお見せしたら、しばらくして、「恵子姉さんのこと、思いつくままに」という横書き便箋にきっちり一五枚の、清書された手記をわたしに寄せてくださった。そこにはわたしの知らなかったことが幾つも書かれていた。

「姉は娘時代に看護婦さんになりたかったそうです。しかし、両親に反対され、あきらめたようです。当時、看護婦の仕事はきれいな仕事ではないと考えられていたと、上の姉たちは言います。そのあと、ブラジルに行きたいと言い出しましたが、もちろん両親の大反対にあい、この夢も叶いませんでした。

結婚は川崎の日本鋼管で働いていたハンサムな広田実とし、男の子をふたり出産し、幸せにくらしていましたが、可愛がってくれた両親が亡くなったころから、夫の女遊びが高じて姉は苦しみます。悩んだ末、離婚したいと母たちに訴えたけれど、子どもがいるのにと反対され、自殺未遂を起こします。広田と離婚したあとは、しばらく粕尾の実家に帰り、工場で働いたり、病院で学びながら準看護婦の資格をとったりしました。

いつか姉は「川崎で暮らしたころが一番幸せだった」と言っていました。あるとき、いっしょにＪＲで川崎を通ったとき、姉はポロポロと大粒の涙をこぼしていました。」

恵子さんの苦しんだ結婚時代と早すぎた死を聞いて、どう悼んでいいか言葉もない。

三浦綾子

『氷点』で世に出た旭川の作家

この人の名は一九六三年（昭和三八年）に朝日新聞社の一〇〇〇万円懸賞小説募集で受賞した作品『氷点』を見るまで知らなかった。当時としては破格な金額で羨ましいと思ったほどだ。

文壇に属さないこの旭川の無名作家はなにものであろうと興味をひかれた。『氷点』は三年後に朝日新聞社から刊行され、七〇万部を越すベストセラーになった。彼女の創作活動はそれから活発化し、一九六六年の『塩狩峠』、一九七七年の『泥流地帯』と郷土色の濃い佳作を生みだしたが、文壇は冷淡で、素人扱いし、認めようとしなかった。

一九七七年には『新約聖書入門』を出している。この人は敬虔なキリスト教徒だったのである。どうしたことか、この年のわたし宛の長い手紙が二通残っている。そのやりとりを紹介するまえに、この人の経歴を振り返ってみよう。

本名は堀田綾子、一九二二年四月に生まれ、一九九九年一〇月に死去している。

地元の高校を出て、戦時中は小学校の教員を七年間つづけている。戦後の一九四八年、北大医学部を結核で休学中の幼馴染み前川正に、再会、かれからキリスト教のつよい影響を受けた。綾子はこの人を愛していたので、結核の療養中に受洗している（一九五二年）。だが、前川は五四年に病死してしまう。

一九五九年、綾子三七歳、旭川営林署の三浦光世にめぐり逢い、結婚する。この人は前川正と瓜二つというくらい似ていたという。その二年後、「太陽は再び没せず」（一九六一年）で『主婦の友』の募集小説に入選、創作活動に専念するようになる。『氷点』はその二年後の作品である。

三浦光世はこの病弱な妻の創作活動に献身することを自分の使命とし、口述筆記者の役割を引受けてゆく。一九七五年の『細川ガラシャ夫人』以降、綾子は多くの作品を生みだすが、それには夫の協力が大きい。作品は主婦の友社からの『三浦綾子全集』全二〇巻や、朝日新聞社からの『三浦綾子作品集』全一八巻に収録され、された。

三浦綾子　近藤多美子『写真集：遥かなる三浦綾子』より

一九八四年のわたしへの手紙はその間のもので、当時、わたしは過労死を恐れていたほどの超繁忙の渦中にあった。自由民権百周年記念全国集会の代表委員として秩父事件百周年の行事に奔走しながら、「日本はこれでいいのか市民連合」の代表として反トマホークなどの反戦運動に尽力していた。街頭デモをくりかえす。活動資金を得るため全国の友人たち数十名にオークション用の色紙や金目の物を贈って下さいと訴える。それに国立歴史民俗博物館の展示委員の仕事が重なっていた。

三浦綾子もわたしから、そうした支援を依頼された一人だったのだ。

「お便りありがたく拝見しました。ただ今、函館から帰旭。とりいそぎ色紙をお送りいたします。拙いのですが、三枚送らせていただきます。この度は、金巻さんの御本に私についてお言葉をいただき恐縮して居ります。誠に光栄に存じます。郵便局の時間が〆切りに近づいて居りますので、一言のお礼で申し訳ございませんが、お許しくださいませ。かしこ。三浦綾子」

もう一通は長文であるが、そのまま掲載しよう。

「早くにお便りを差し上げねばなりませんのに、本当に失礼を申し上げております。私にとりまして先生は、誠に恩師とも言うべきお方でございます。とくに自由民権問題ではひとかたならぬおかげをこうむっております。今年の正月から『主婦の友』誌に連載の「嵐吹くときも」には、その影響が大変多いのでございます。

昨日も一日、岩波の御高著『自由民権』を拝読させていただきました。中央公論社の『日本の歴史』(『近代国家の出発』)と共に参考資料とさせていただいて居りますこと、遅れましたがお許しをいただきたく存じますと共に、厚くお礼申し上げる次第でございます。トマホークの会でのお働きに感動しております。また勇気づけられております。」

ここに出てくる『嵐吹くときも』は主婦の友社から一九八六年に単行本として刊行されている。わたしの研究が役に立っている。その後も、彼女は『夕あり朝あり』(新潮社、一九八七)、『われ弱ければ――矢島楫子《かじこ》伝』(小学館、一九八九)など歴史に関係する長編小説を書いた。長編だけで三五点もあるから、多産な作家といえる。

つけたしに書いている「トマホークの会」とは、アメリカの核搭載可能なミサイル・トマホークの配備に反対していたわたしたち日市連の反戦グループのことで、彼女にも協力を依頼していた。

いま、旭川には「三浦綾子記念文学館」があり、その業績の全貌を知ることができる。彼女の小説の多くは文庫になり、広い読者を得ているが、東京中心の文壇の評価は冷ややかなものであった。

吉武輝子

反戦、反暴力、反差別をつらぬく

親しかった樋口恵子さんが哀悼文で書いている。

「十人十色《といろ》というが、一人十色の多芸多彩な女性だった。女性解放、反戦平和、護憲、反原発、環境、高齢社会……。活動の分野は多岐にわたり、しかも、それぞれのリーダー役を務められた。」

「病床についたのは、この三ヵ月にすぎない。反戦、反差別への思想を直球で投げ続け、一人の置き去りも許さぬというメッセージを送り続けた。こうした活動の原点には、戦後の占領期に遭遇した米兵による性暴力の被害体験があるのだろう。」

そのことは吉武さん自身が著書で告白している。敗戦の翌年、家の近くの青山墓地で、米兵から集団でレイプされたことを。初潮も迎えていない一四歳、五人の米兵に犯された。その日から、寡黙で暗い子になり、二度の自殺も試みた、と。だが、その体験を人間を踏みにじる暴力と戦争への抵抗に集約し、表現するように切り替えたのだと樋口さんは言う。

わたしは彼女のそのきびしさに一度、触れたことがある。一九八〇年代のことだ。

わたしが小田実らと「日本はこれでいいのか市民連合」の活動をしていたころ、渋谷駅のハチ公側に出たら、「女たちの戦争に反対する会」ののぼりを立てた宣伝カーが、マイクで市民に呼びかけていた。わたしはその前を通り過ぎようとしたら、いきなり「日市連の色川さん、挨拶をしてください」と呼びかけられた。仕方なく宣伝カーに登ろうと足をかけたら、違うマイクから大声の叱声を浴びせられた。「女だけの会だ、男の登壇は許さない」と。これが主催者の吉武輝子だった。最初にわたしに声をかけた女の人は面目なかったろう。わたしも傷ついた。

二度目は一九八三年(昭和五八年)一〇月のこと、日市連の世話人のひとりで、わたしの親しい同志であった古屋能子《ふるやよしこ》が肝硬変で急死し、告別式が行われたときである。古屋能子は日市連の創立から参加した仲間で、「わたしはデモ屋のおばさん」と自称、いつも和服で、ベ平連時代の友人からも愛されていた。また「戦争への道を許さない女たちの会」のリーダーの一人でもあった。

古屋さんは吉武さんより一〇歳くらい年長だったはず、その告別式で吉武輝子はわたしの隣席で終始嗚咽しつづけていた。

どんなに敬愛していたのであろう。しまいには椅子から倒れ落ちてしまった。隣席にいて、それを支えた男が、先日、怒鳴りつけたわたしとは知らなかっただろう。わたしはこの女性の激しさ、一途《いちず》さにこのとき感銘したものである。

吉武輝子、一九三一年、兵庫県の芦屋市のうまれ。慶應義塾大学を卒業して、東映に入社、宣伝プロデユーサーになり、一度結婚するが、離婚後は生涯フリーを通す。

一九七七年、参議院全国区に立候補したが、落選している。

文芸評論家としても活躍し、『女人吉屋信子』『淡谷のり子――ブルースの女王』『炎の画家三岸節子』『置き去り――サハリン残留日本女性たちの六十年』などを書いた著書が六〇冊ほどある。

樋口恵子とは一歳違いの親友。二〇一二年四月、八〇歳で死去した。

サイデンステッカー
（エドワード・ジョージ・サイデンステッカー）

日本文学を愛した異色の研究者

この人は『源氏物語』の英訳者でありながら、明治文学、それも谷崎潤一郎や永井荷風がいちばん好きという変わったアメリカ人である。そういえば晩年の風貌は谷崎潤一郎に似ていた。

一九二一年（大正一〇年）二月一一日に米国でうまれ、二〇〇七年八月二六日、東京で死去している。直接の死因は石の階段での転倒による事故である。当時、わたしはその事故現場の近く、文京区の弥生町に住んでいたので、非常におどろいた。永井荷風のことで、根津のてんぷら屋でお逢いする約束をしていたからである（わたしは明治文学の研究者でもあった）。

この人は日本敗戦直後の一九四七年に米国国務省の若い職員として来日したが、三年後に国務省を辞め、東大大学院で平安朝文学の研究に入った。『蜻蛉《かげろう》日記』や『源氏物語』を訳すことができたのもそれ故である。だから上智大学で教えてもいる。

帰国してからは、スタンフォード大学やミシガン大学、コロンビア大学の教授などをしていたが、「七〇歳までいようと思えばいられたが、自分の好きなことに時間を使おうと思って六五歳で辞めた」という。年の半分をハワイで過ごし、五月から半年は日本で暮らすという羨ましい生活をしていた。

わたしがこの人に興味をもったのは、一九九五年九月、朝日新聞社の雑誌『AERA《アエラ》』の「ホノルルと東京を渡り鳥」という記事を見てからだ。そこには「私は永井荷風が一番好きなんですが、ああいう随筆を書きたいんです。大学で教えている現役の時代から、十月から四月まではホノルル、あとは東京で過ごすことに決めています。もう体がこの生活に馴染んでいて、六ヵ月たつと東京が恋しくなるんですよ」とある。

生活も日本調だ。「朝と昼の食事は、めん類や雑炊、豆腐料理などを自分で作ります。夜は大抵、浅草や新宿あたりで友人たちと出て歩くので、ほとんど不便を感じません。——私の場合はとにかく書くことがなにより楽しみ。今も午前中は掃除や植物の世話を済ませてから、必ずワープロに向かいます。」と。

それにこの人の死にたいする考えがたいへん面白い。

「私にとってもっとも理想の死に方は、南アフリカ行きの豪華客船に乗り、船旅を思い切り楽しんだあと、ケープタウンに着く前日に海に飛び込む、というものです。誰にも悲しんでもらいたくはないし、葬儀も墓もいらない。サメのえさになって、自然のサイクルの中に戻っていくんですよ。私は独身を通してきましたが、別にポリシーでそうしているわけではなく、成り行きで。その方が楽だったから。」と。

わたしはむかし海軍にいたものだから、「水漬く屍」のほうはご免だ。

どちらかと言えば、チベットの曠野か、中央アジアのどこか砂漠地帯ででも、行き倒れになって白骨が砂に埋もれてゆくという方がいいな、と思っている。

辻邦生、佐保子

人も羨やむフランス仕込みのおしどり夫婦

『追憶のひとびと』（街から舎、二〇一二）で、辻邦生のことを書いた一年まえに、夫人の佐保子さんが亡くなられていたことを知らなかった。最近、辻夫妻と親しかった河出書房の元編集者田辺園子さんの「辻邦生夫妻を想う」（『日本近代文学館』誌、二〇一三・一）でそれを知った。

それらを参考にして、わたしの「辻邦生」を補正したい。

田辺さんは『文芸』の編集者として辻さんに接しておられた。そのころ（一九六一年、昭和三六年）にはパソコンもＦＡＸもない時代で、パリ滞在の多い辻さんは米粒のような細かい字をびっしり書きこんだ絵葉書によって連絡していたらしい。わたしも同じで、今でもハガキに米粒のような文字で二、三枚の原稿なら送っている。戦中派の貧乏性まる出しの習慣である。

また、新聞などに書き散らした切りぬきをたくさん持ち込んで、本にしてくれと言っていたらしい。一九六八年の長編評論『小説への序章』（河出書房、一九六八）はこうして出来たものだという。そのころ、辻夫妻は東京郊外の国分寺に質素な家を持って暮らしていたという。田辺園子さんが出来上がった本を届けに

晩年の辻邦生

行くと、佐保子夫人が天ぷらをあげてもてなしてくれた。あまりに見事だったので感嘆すると、彼女は「天ぷらやに恋人がおりましたので」と、愛らしくおどけて言ったという。

「『文芸』には田辺さんがいるから優先して書くんです」と愛想良く辻さんが言うと、佐保子夫人はすかさず「『文芸』は原稿料が高いから先に書くんだって言っておりますのよ」と、早口でさらりと暴露し、辻さんをあわてさせた。そういう夫妻のやりとりは少年のようでおかしかったと、田辺さんは回想している。

一九七一年春、国分寺から高輪のマンションに移転したという。このころの辻さんはずいぶん多作であった。『安土往還記』(一九六八年)、『嵯峨野明月記』(一九七一)、『背教者ユリアヌス』(毎日芸術賞、一九七二)、『春の戴冠』(一九七七)、『フーシェ革命暦』(一九八九)など転換期を生きた人間像を描いている。短編の連作『ある生涯の七つの場所』(一九七五〜八八)は半世紀におよぶ時間と、東京、パリなど七つの場所という空間にまたがるモザイク風の百の短編集である。この完成には西洋中世美術の研究者であった佐保子夫人からの資料の提供や助言、最後は口述筆記などに頼るところがあったという。

一九九九年、辻邦生は外出中に佐保子夫人の腕のなかで倒れるという最期であったという。かれはわたしとは同年、同世代の日本人なのに、万事がニホン離れしていた

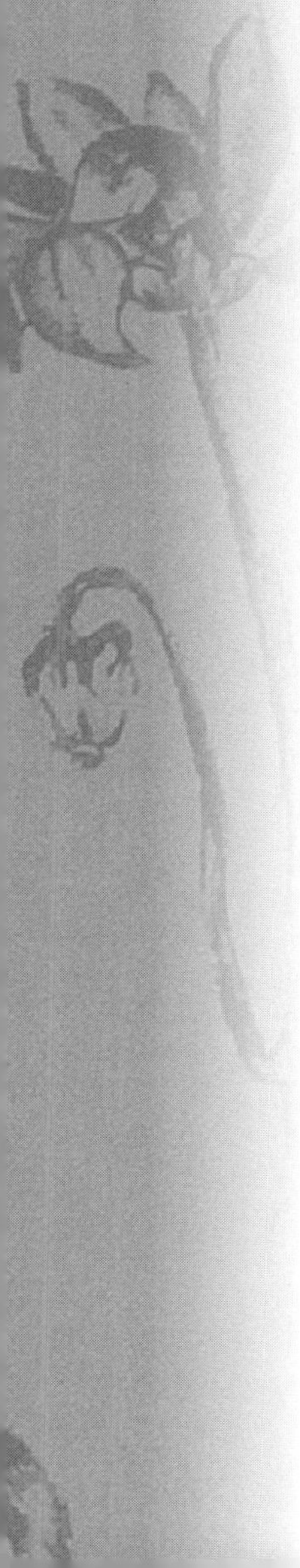

忘れ難いひとびと

山本美香

シリアで斃れた戦場ジャーナリスト

シリア内戦の取材中にアレッポで銃撃され、わずか四五歳で命を落とした山本美香さんが、新聞、テレビなどで大きくとりあげられ、ヒロインのように扱われたのは二〇一二（平成二四年）八月のことだった。

若くして、世界中の紛争地帯のなかに深く分け入り、ひとびとの苦しみや、戦いの真の姿を、平和な社会に生きるわたしたちに伝えようとした戦場ジャーナリストが、道半ばに命を落とされたのである。

一時はニュースとして取り上げられ大きく報じられた。だが、それも歳月とともに急速に忘れられてゆく。わたしが同世代の若い人に山本美香というひとを知っているかと尋ねても、どこかの歌手かタレントの名かと問い返されるとはわびしい。

わたしが彼女の名を知ったのは、七年前のこと、二〇〇六年一一月に出た『僕の村は戦場だった』（マガジンハウス、二〇〇六）という著書によってだった。内容が立派だった上に、山梨県都留《つる》市の出身者だったので親しみを感じ、同県人として書評にとりあげたからである（山梨日々新聞、二〇〇六・一二・二四）。

この本の著者紹介によると、この人は二〇〇三年に戦時下のイラクの取材で「ボーン・上田記念国際記者賞」特別賞を受け、日本テレビの特別報道番組のニュースキャスターを務めたこともある。独身、三六歳の麗人である。

この本はアフガニスタン、イラク、コソボ、チェチェン、それにアフリカのウガンダの五章から成る。とくにアフガニスタンの叙述がもっとも多く、本全体の四割を占めている。アフガニスタンを四度も訪ねて強い関心を持っていたわたしが親近感を抱いたのは当然だった。

その本にはアフガニスタンの伝説的な英雄マスードが二〇〇〇年一〇月、反タリバン勢力北部同盟の最高司令官として、総攻撃に出発するとき仲間と祈っているシーンを正面から撮った写真が掲載されている。これは驚きだ。そればかりか翌二〇〇一年九月、テロリストの不意打ちによって殺された将軍マスードの棺を囲んで、側近たちが哀哭している写真も掲載されている。この大胆で貴重な写真の撮影者が彼女だったのである。

戦場ジャーナリスト山本美香

「目をそらしても現実が変わるわけではない。そうであるなら、目を凝らして、耳を澄ませば、今まで見えなかったもの、聞こえなかったことに気づくだろう。戦場で何が起きているのかを伝えることで、時間はかかるかもしれないが、いつの日か、何かが変わるかもしれない。そう信じて紛争地を歩いている。」
山本美香は本の「はじめに」に、そう書いている。七世紀に玄奘三蔵《げんじょうさんぞう》も仰ぎ見、わたしも三度訪ねたバーミアンの世界一の五〇メートル余の大石仏を、タリバンが爆破したとの報せを聞いて、「私は再びバーミアンに急行した」「陸路での移動は許可が下りず、国営のアフガン航空を一機チ

破壊された世界一の大石仏、55 メートル

ヤーターして、バーミアンに向かった」と彼女は記している。

「たかが石に何を大騒ぎしているんだ」と案内役のタリバン兵は言ったというが、彼女が会ったタリバン政権の高官は、「カイロ大学に留学中、『おしん』をテレビで見た。日本人は働きものだ」と笑顔を見せ、わたしの動機を理解し、撮影に応じてくれたという。

二〇〇三年五月、アメリカのブッシュ大統領はイラクでの大規模戦闘の終結を宣言した。

だが、イラクの取材から三年、これまでに八回現地を取材した彼女は、イラクの治安が坂道を転がるように悪くなっていることを肌で感じていたという。それにつづけて彼女は、「国、政府、権力者……大きな力が働くとき――弱い者は切り捨てられ、存在すら消されていく。だからこそ、不利な立場の、攻撃される側の現状を伝える意義があると考えたのだ」と記している。

しかし、それは危険に満ちた仕事だった。開戦以降、イラク情勢を取材中に殉職したジャーナリストは八五人に達している。それは第二次世界大戦中の六八人、ベトナム戦争中の六六人を上回っていた（二〇〇六年一〇月現在）。彼女の殉職はその延長上にあったのである。

彼女のパートナーであり、現地取材の同志であったジャーナリストの佐藤和孝はこう証言している。「美香は死の瞬間までカメラを回し続けていた。民主化要求デモが始まった昨年三月から二一ヵ月、その間、シリア国内で三〇人以上のジャーナリストが命を落とし、山本美香ら五人の外国人も含まれている。」と。

美香は母校の都留文科大学の講演で、こういう趣旨のことを学生たちに訴えた、と。「報道することで社会を変えることができる。ジャーナリストが世界の現実を伝えなければ、抑圧者が横行し、世界は暗雲に覆われてしまう」と。

最近、『山本美香という生き方』（日本テレビ編、二〇一二）という本が出たということは喜ばしい。このひとの四五年の生涯が、いつまでも人間の道を照らす星のように輝いていることを願うからだ。

磯貝静江

母のような声楽教師

インターネットで調べてみたら、磯貝《いそがい》静江さんは音楽人類学者、立正大学の名誉教授、「保育のために、みんなでうたおう子どもの歌」を、一四〇曲余も編集して、後進の若者たちにひろく便宜を提供した功労者であると記されている。それだけでも立派なのに、その上、すぐれた歌手を育てた著名な音楽教師であり、声楽家である。

わたしの大学の講堂でじっさいに歌ってもらったことがあるが、声量豊かなみごとなソプラノで学生たちを圧倒した。体全体が楽器ではないかと思われるほど堂々としていた、そういう方であった。

その磯貝さんが研究室に訪ねてこられて、ゼミに参加させてほしいといわれた。わたしのゼミはすこぶる開放的で、ニセ学生いっぱいの千客万来の時代である。また、わたしが三度もチベット奥地を訪ねて、その風土と文化にうちこんでいた時期でもあった。(拙著『雲表の国——青海・チベット踏査行』一九八八、拙編『チベット・曼陀羅の世界』一九八九、共に小学館)。

彼女は音楽人類学を専攻していたので、チベットの独特な密教音楽に関心を持っていたのであろう。すぐに意気投合し、わたしも現地から持ち帰った録音資料などを提供した。

そういう事情はともかく、ゼミに参加した磯貝さんはわたしたちには面倒見の良い、お母さんのような存在になった。こんなこともあった。


ある年の夏の終わり、ゼミの一泊旅行で、みんなで白樺高原の湖畔の合宿に行った。自炊の宿泊所だったので、料理自慢の学生がおれに任せろといって台所をとりしきり、うどん粉を練り、大鍋でゆでるつもりが、さっぱりできず、いつまで待っても食事にならない。腹をへらした学生たちが騒ぎだした。そのとき、見ていられなくなった磯貝さんが、代わって調理台に立ち、手際よくうどんをざるにあげ、それに幾つもの料理を添えて、みんなに食べさせてくれた。まるで大家族の世話をするお母さんのように。

このときの磯貝さんの凛々しさは、ながくわがゼミの語り草になった。このことがあっていらい、学生たちから慕われ、その後も自宅にまで押しかけていって食べさせてもらったという者までいる。


ゼミ生たちは知らなかったろうが、磯貝さんは偉大な音楽教師だった。ニューヨークのカーネギーホールで、「第九のソロ」を歌った鳴海真希子《まきこ》は先生の教え子だし、おなじ東京芸大出のソプラノ歌手井上ゆかりも高弟のひとりであった。鳴海真希子は「先生は母のように教えてくださいました」と回想している。

二〇〇九年（平成二一年）一月、イタリアの老人福祉施設で、立正大学仏教学部の学生が磯貝さんの指揮で「声明《しょうみょう》」を唱えたとき、「仏教を知らない人びとまでが感動し涙を流した」という。そのころであろうか。

わたしはここ大泉村のお蕎麦屋で、偶然、磯貝さんにお逢いしたのである。

ゼミの指導であろうか、立正大学の学生を二〇人ほど連れていたように思う。久しぶりの出会いなので、挨拶すると、磯貝さんはこの村の井富湖の近くに別荘を持っており、今日はそこに学生たちをつれてゆき、合宿するのだという。あいかわらず世話好きの様子だった。わたしはひと言ふた言、ことばをかわして、お別れしてしまったが、今となっては悔やまれてならない。

磯貝さんはそれから一年も生きておられなかったのである。

二〇一一年一月二二日、「音楽家磯貝静江急逝」の小さな新聞記事に、わたしは胸を衝かれた。享年七二歳だったという。

色川徳子

波乱の戦前戦後を生き、自分史を記録する

わたしの母である。母ほど純粋にわたしを愛してくれた人はいない。二〇年前の一九九三年（平成五年）三月に死別した。この母についての追憶も残したい。

母の名はとく、徳子という。実父は八十八、ヤソハチだが、道楽者で、勘当されており、祖父母がとくの養育者だったという。たったひとりの孫だったから愛育したらしい。その愛情が母を情の深い優しい女にしてくれた。

生後まもなくとくは左腕の自由を失ってしまった。家族の不注意のためと本人は言うが（そのため、生母は祖父から追い出されているが）、わたしには小児麻痺のためではないかと思われる。だから、わたしの母の左腕は死んだもののように細く、ぴくりとも動かなかった。両手では茶碗も箸ももてない。片膝を立て、その膝の上に死んだ左手を置き、右手で茶碗を載せ、ごはんを食べているところを見たことがある。わたしたちが小さいとき、その真似事をすると、母は黙って涙をこぼしていた。その不自由な体で、九人の子育てをしたのだからずいぶん苦労をした。しかも、戦中、戦後にかけてである。

母には晩年に書いた『人生茫々』という一〇〇ページほどの綺麗な本がある。一九八五年、昭和六〇年に自費で出版した。自分史運動をはじめていたわたしが勧めて書いてもらった。母は子どものころ、ずいぶんの勉強家で、小学校高等科しか出ていないのに、綺麗な毛筆でよく手紙をくれた。だから書くようにすすめたのだが、原稿用紙では緊張してしまいダメというので、広告の裏などに自由に書いてもらった。

親子では甘えがでると思ったので、『ふだん記』という文章運動の仲間に協力してもらった。母自身が序文にそう書いている。

「私が『ふだん記』を読んだのは五、六年前のことですが、全国各地の皆様の手記を読ませて頂き、深い感銘をおぼえました。私と同じような境遇の方々が沢山いることを知って、たいへん勇気づけられました。物を書く事は初めての経験で、なかなか思うように筆はすすみませんでしたが、橋本義夫先生や四宮さつきさんの協力をうけ、数編の原稿を『ふだん記』誌上に発表させて頂きました。」と。

本は、第一部に「私の歩んだ道」を、第二部に「わが家、わが町」を添えているが、感動的なのは第一部の、第二章「戦争の渦の中に」と、第三章の「戦後の家業再建と晩年」である。それに則しながら、母たちの自分史を辿ってみたい。

母は上から三人の息子を軍隊や満州に出した。わたしの兄は陸軍、佐倉五七連隊で外地に送られるところを、体が弱い子だからと、隊長に直訴して、内地勤務に変えてもらった。その請願のために片腕の利かない母が、銚子の魚市場までいって大きなカツオを一本分けてもらい、それをさげて隊長の所に行ったという。

次男のわたしは海軍航空隊、三男の弟は満洲で一時行方不明になるという心痛に苦しんだ。ほかの食べ盛りの五人の子どものために馴れない食堂をはじめたりして、どれほど苦労したか分からない。

戦争は母を直撃していた。そして敗戦後の食糧難やインフレはさらに庶民の暮らしを追い詰めた。母は売り食い生活をし、父祖からの土地や財産を手放して家計を支えたのだと『人生茫々』に記している。

六男の博がでっち奉公にいった浅草の問屋《とんや》から脊椎カリエスで送り返されたとき、母は三年間、手元に引き受け、介護し、再び働けるようにして送りだしている。わたしが重い肺結核で倒れたときも一年間、自宅療養させてくれた。その後、わたしは公助を受け、千葉の仁戸名《にとな》療養所に移り、肺切除という大手術を受け、三年後にようやく再起できた。

晩年の父と母、八王子の色川宅で

母は町場の家付き娘であり、父はちかくの農村から働き者だということで、婿入りしてきた農家の次男坊だった。それゆえに、わが家には家父長制などという感じのものはなかった。夫婦喧嘩をして家を出てゆくのは父のほうであった。別居していたとはいえ、祖父が生きていたし、その一人娘の母に手をあげることは一度もなかった。父新助は子どもの教育には理解のある、よく働く体の大きな善良な人であったが、男なるが故の特権というものはなかった。それはわたしたちには幸せなことだった。

また、特記すべきは、母には人種差別的な考えがまったくなかったということだ。朝鮮人にたいしても中国人にたいしても優しく、平等な扱いで、毎年行商にくる台湾のターさんという商人などいつも座敷にあげて暖かくもてなしていた。そういうなごやかな光景を、わたしたち子どもは見て育った。

それは中国との大戦争がはじまってからも変わらなかった。わたしが朝鮮人の級友を家に連れてきても、にこやかに笑顔で迎えて歓待してくれ、まったく差別するということがなかった。母の口から「チョーセン」とか「チャンコロ」(中国人の蔑称)という差別語を聞いたことは一度もない。むしろ、そういう人を嫌悪していた。

後にわたしがアルバイトでお金を手にいれたとき、いちばん先に母に贈り物をしたのは電気洗濯機であった。子だくさんの片腕の利かない母が、洗濯板で指を痛めているのを見ていたからである。戦時中は人手不足になり、女中を雇うこともできなかった。

母が子育てを終え、自由になった晩年、わたしは東京の家になんども招いてもてなした。父が元気だったころには、ふたりを伊豆の温泉に連れていったり、奈良公園や姫路城に案内したこともある。その父も胃がんで一九七七年に八三歳で死去した。

ひとりになった母を通し狂言「元禄忠臣蔵」を見に歌舞伎座に連れていったのは、その四年後である。特等のマス席を用意してもらい、歌舞伎好きの教え子葛西ゆかも誘った。染五郎の大石内蔵助だったが、演出は真山青果だった。はじめての観劇とあって母はことのほか喜んでいた。

また母は日蓮宗の熱心な信者だったので、身延《みのぶ》の本山に案内したこともあった。そのときは大本堂に上がり、祈祷のごまを焚いてもらった。そのとき母は「もう、これで、いつ冥土にいってもいい」と繰り返し呟いた。そして大事なことを済ませた人のように、「家に帰る」と言いだした。

母が自分史『人生茫々』を出したのは、だいぶ後一九八五年である。翌八六年、わたしが二ヵ月のチベット踏査旅行から帰って、久々にアメリカ東部のプリンストン大学を訪れ、親友のマリウス・ジャンセン教授の歓待を受けた、その四月二八日の晩、じつに不思議な夢を見ている。日記があるので再現してみたい。

「二八日の夜、寝そびれ、『エロイカ』を聴いて昂奮したためか、未明三時、妙な夢を見た。誰か知らない男がきて、『この老人を泊めてやれないか』という。わたしは一瞬、それはおれの父だ、当たり前だ、さいわい毛布も二枚余っているからと思った。その男はこうも言う。この老人は風呂敷包みをどこかに忘れてきたらしい、と。『しまった！　その中にはおそらく、母がわたしのために作ってくれたご馳走が入っていたに違いない』と。そう思って黙っていたら、父はいつもの癖の、テレ隠しに頭をちょっとかく仕草をした。

昨夜は強い風と雨でカタコト家の外で音がするし、だれかいるのかな、窓のむこうを誰かが歩いた気配がすると思って、電気をつけてみたのだ。だが、誰もいない。その一時間ぐらい後の夢である。

こんどは窓の外、ガラス越しにはっきりと母の姿を認めた。顔も見た。なぜか頭をかしげて、目は足もとを見つめている。わたしは『ハッ！』とした。なにかあったのか、母に万一のことがあったのか。日本への電話を一日延ばしにしていた自分が悔やまれる。母は黙って立っているのに、こちらを見ない。わたしは胸騒ぎがし、起きだし、ドアをあけてみた。

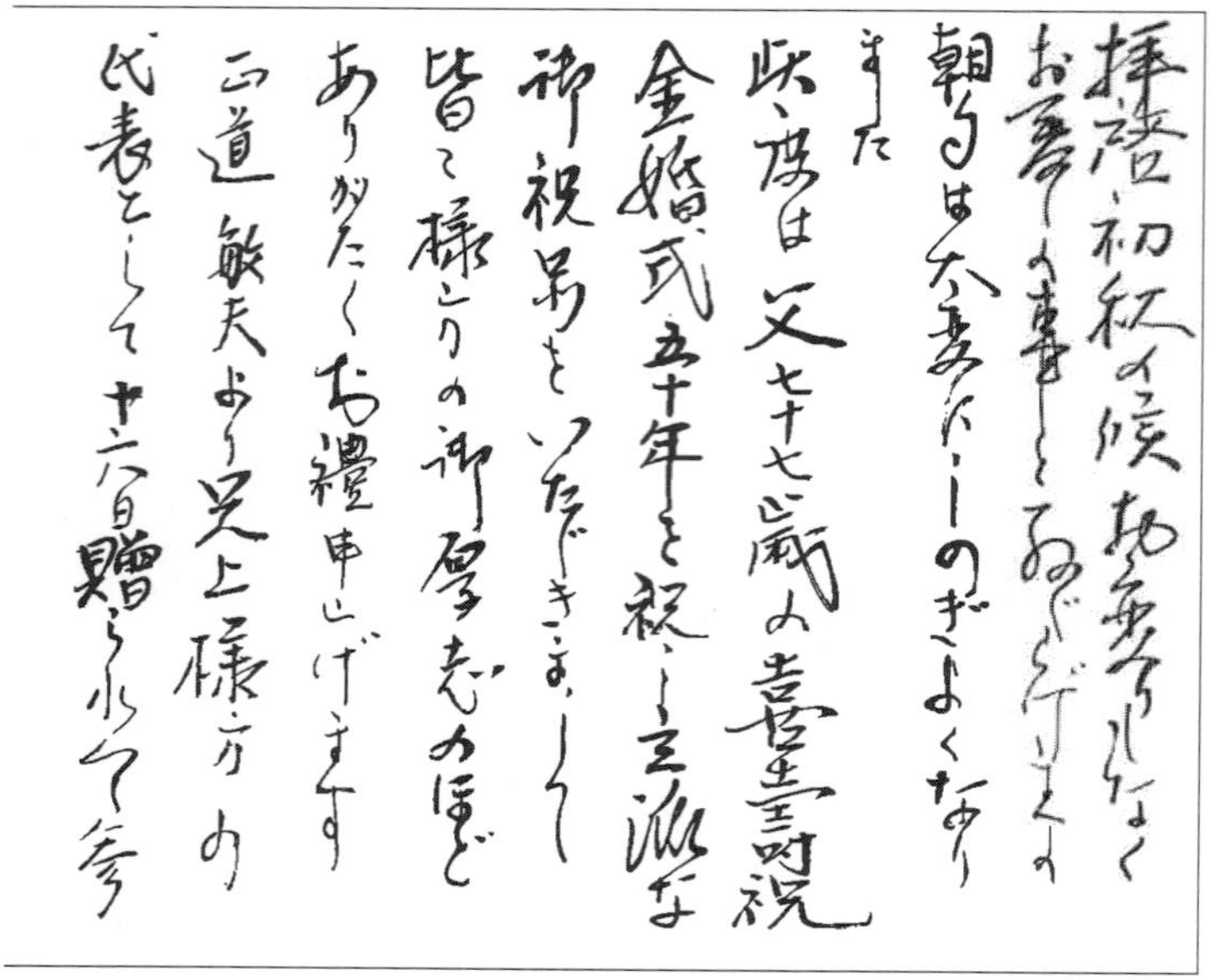
拝啓 初秋の候 お変りもなく
お暮しの事と存じ上げます
朝夕は大変すごしよくなり
ました
此度は 父 七十七歳の喜寿祝
金婚式五十年を祝し立派な
御祝品をいただきまして
皆々様よりの御厚志のほど
ありがたくお禮申し上げます
正道 敏夫より兄上様方の
代表として 十六日贈られて参

まだ、外は暗い。八五歳の母にもしもの事があったら、すぐ帰らなくてはならない。時計は未明の四時だ。電話しよう。だが、夜中の電話もなにかぶきみだ。いったい日本はいま何時なのだろう。そんなことを考えているうち、またウトウトとしてしまった。

目がさめたら太陽の光がベッドにまで射しこんでいた。起き上がって時計をみると、八時半だ。顔を洗い、ねむけをさまし、すぐ日本の千葉県佐原にダイヤルする。

義妹が出てきた。『いますか』と聴くと、すぐ近くにいたらしく、母の声がした。元気な声だ、良かった、安堵した。『いま、どこにいる』というから、『ニューヨークの近く』という。母はくりかえし言う。『ヘエー、ニューヨークからかけて、こんなにはっきり聞こえるの』。そして『心配していた。あけてもくれても考え

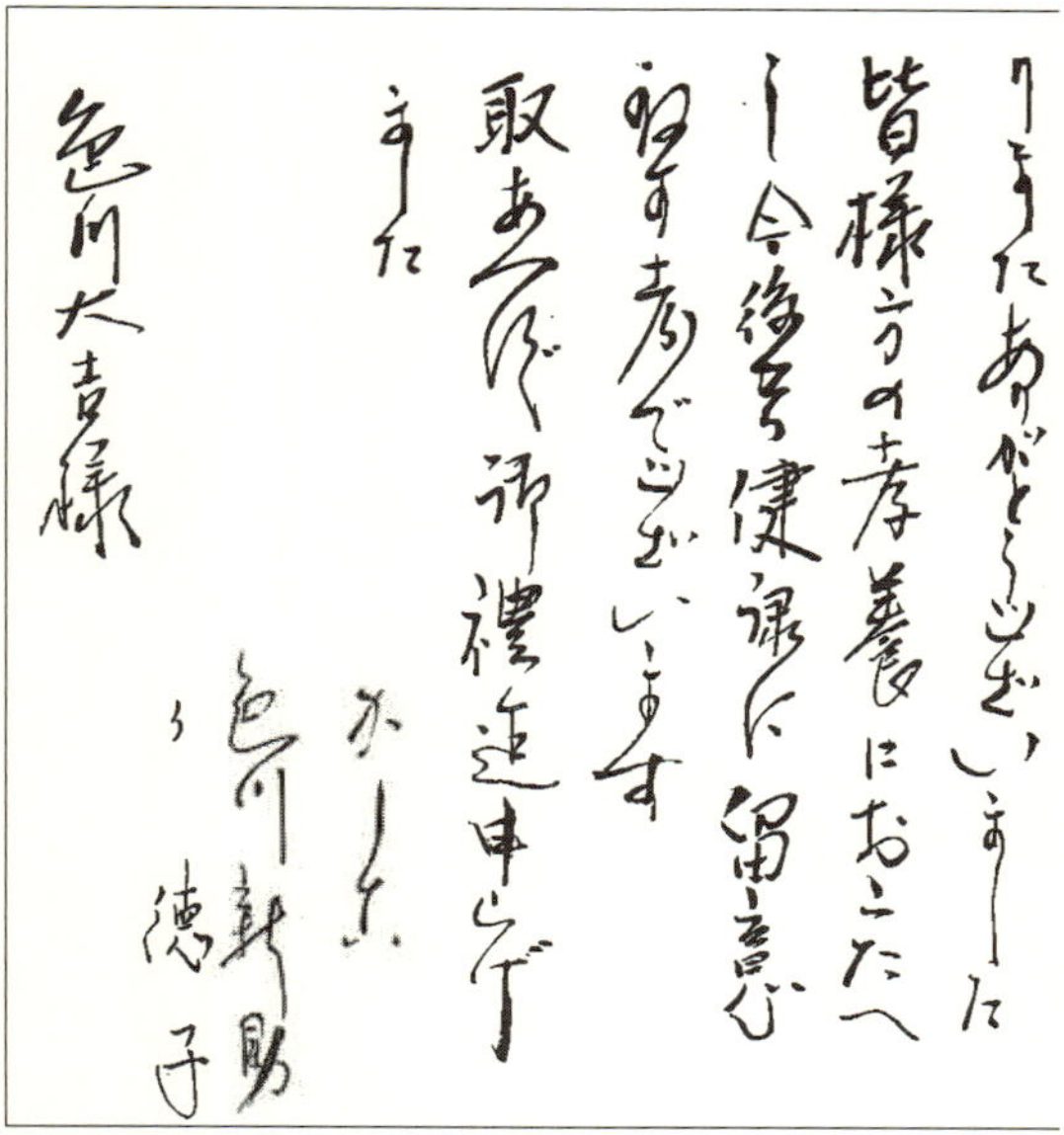
りましたありがとうございました
皆様方の孝養におこたへし今後も健康に留意
致す考へでございます
取あへず御礼迄申上げ
ます
かしこ
色川新助
徳子
色川大吉様

毛筆で書かれた母の手紙

ていた』と。受話器のまえで絶句している。『大ちゃんの安全ばかり』と。母にとっては『大ちゃん』はいつまでも子どもなのだ。わたしも上気して言った。『一三日の夜に帰るからね。そちらにまっすぐ行くから』と。母は叫ぶようにくりかえしていた。『一三日だね……これで安心した』と。

わたしはこのとき夢のことを母には言わなかった。父が風呂敷包みを忘れてあらわれたことも。そして父も母もひとことも喋らなかったことも。」

母は晩年、半分認知症になっていた。わたしが隠居していた母の家をたまに訪ねると、「あなたはどなた？」と訊く。「大ちゃんだよ」というと、「大ちゃん、お店で物をとったりしてはダメよ」とか、悪ガキだったころのわたしと混乱していた。母にとってはいつまでもわたしは昔の大ちゃんなのだ。一九九三年春、同居してくれていた弟の新治郎夫妻の手厚い介護をうけながら、子供たちに見守られ、九二歳で、やすらかに往生した。

佐藤　真

自殺したドキュメンタリ映画監督

この人からの手紙も偶然一通だけ残っている。一九八九年（平成元年）四月のものだから、かれ三二歳の春。阿賀野川流域で発生したメチル水銀中毒、世に言う「新潟水俣病」問題にとりくんでいた佐藤真の訴えである。わたしが水俣で活動していたとき、かれはまだ二〇代で、いちど逢ったきりの青年だったが、なぜか、そのひた向きさがこころに残っていた。

かれの最初の映画作品「阿賀《あが》に生きる」（一九九二年公開）の制作に取りかかろうとしていたときのわたしへの協力依頼である。なんの後ろ盾もない独立プロだから金がないのは当然。手紙にはこうある。

「すっかり春めいてまいりました。雪のない冬を越した三川村、阿賀野川の川沿いの私たちの住む村にも、桜のたよりが届きました。『阿賀に生きる』の呼びかけ人にご参加いただき本当に有り難うございました。お陰さまで、予定より大幅に遅れながらもパンフレットも出来上がり、制作委員会のメンバーも張り切って資金集めに奔走しています。しかしながら、まだまだ当初の目標額の十分の一にも満たず、苦戦しています。」そこで、重ねて協力していただきたい、という趣旨なのだが、こんな事も書かれていた。

「四月にはいよいよクランクインということで、近くの集会所で村長さんや区長さんもお招きし、ささやかな集まりを持とうと思っています。水俣病に対する偏見が未だに根強い地域ゆえ、村長がわれわれの活動の会合に顔を出すこと自体、意味があると考えています。新潟方面へおいでの際は是非ともお立ち寄りいただきたく、お待ち申し上げています。」

かれらは「阿賀の家」というアジトをつくり、そこを拠点に持久戦をつづける。そして三年の歳月をかけ、見事な作品を創りあげた。できあがった「阿賀に生きる」を見てわたしは驚いた。それは流域の患者たちのリアルな生活の記録だけのものではなかった。河とともに生きる民の心までが詩的な風土のなかに克明に映されている。河そのものをも生きもののように叙情的に描いている。

かれはドキュメンタリーというものに独特な考えを持っていたのだ。それは現実そのままを記録すればよいというものではない。ドキュメンタリは「現実の素材を再構成した虚構（フィクション）であり、世界を批判的に受け止めるための手段だ」と見ていた。後にその考えを理論的にまとめた大著が『ドキュメンタリー映画の地平——世界を批判的に受けとめるために』（上下二巻、凱風社、二〇〇一）だった。その高価な本をわたしにまで寄贈してくれた。

この精鋭な映画作家佐藤真がなぜ自殺しなくてはならなかったのか。二〇〇七年九月四日、産経新聞がまず、「ドキュメンタリー監督佐藤真さんの飛び降り自殺」を報じたときわたしの心は凍結した。一九五七年九月一二日うまれの彼は、まだ満五〇歳にも達していなかったのではないか。

佐藤真と荒木博、それに高取正男

風のように消えてしまった友ら

佐藤真は「阿賀に生きる」（一九九二）の名作を残したドキュメンタリー映画の監督でありながら、四九歳の終わりにとつぜん飛び降り自殺してしまった。わたしには理解できない、謎の死と言うほかない。示唆に富んだ大著『ドキュメンタリ映画の地平―世界を批判的に受けとめるために』（凱風社、二〇〇一）を残して。

すぐれた小学館の書籍編集部編集長荒木博（五四歳）がわたしを訪ねた直後、浅草のほおずき市にゆき、翌朝九十九里浜で水死していたのと、二重写しになってわたしを苦しめる。

荒木さんはわたしが親しかった山崎晶春氏とやってきて『昭和文学全集』の推薦文を書いてくれと懇請した。わたしは快諾し、執筆した。そして、原稿ができたから郵送するといったが、聞きいれず、七月一日にまた研究室に訪ねてきた。

かれはわたしの文章をたいへん喜び、何度もお礼をいって嬉しそうに帰っていった。たいへん爽やかな応対で、自殺の気配などみじんもなかった。むしろ豪放磊落という感じだった。それから一週間後の八日、わたしはゼミの学生を連れて浅草に行った。明日から始まるという「ほおずき市」がもう店を整えていた。

翌九日、ほおずき市に深いこだわりを持っていた荒木さんがそこにやってきて、それから、急に思い立ったのか、おそらくタクシーで九十九里浜へかけつけ、何時間か夜のなぎさをさまよい、入水した。ほんとうの死因など、だれにも判りはしない。

後日、こういう記事が新聞に出た。「十日午前四時ごろ、千葉県山武郡九十九里町の粟生海岸の波打ち際で、小学館編集長荒木博さんがうつぶせで死んでいるのを、サーフィンにきた人が見つけた」と。東金《とうがね》署の調べによると、荒木さんは八日朝、会社に行くと自宅を出た。かれは数年前、腸がんの手術を受けたが、体調が思わしくなく、「わたしが死んだらどうなるだろう」と家人にもらしていたという。

現場に脱ぎ捨てた上着の手帖にも、恢復がはかばかしくないことを悩んでいる走り書きがあり、同署は病気を苦に入水自殺を図ったとみている。同社総務課の話によると、荒木さんは社長宛に退職届を同封した手紙を出していた。「人間は裸で生まれて土に帰る。病気がちで今まで生きてきたのはおまけだと思っている」という心境がつづられていた、と。

だが、この記事がかれの自殺のほんとうの動機をあらわしているとは、わたしには信じられない。もっと深い別の何かがあったに違いない。だが、それを詮索してなんになるのか。

人間の生死は不可解なのだ。ただ、かれが淋しがっていたことは分かる。豪放磊落風に見せていたかれの最後の哄笑が、わたしには懐かしく思いだされる。

他方、高尾一彦は京大国史科出身の海軍予備学生で、三重海軍航空隊で一緒になった。そこで撮影したため

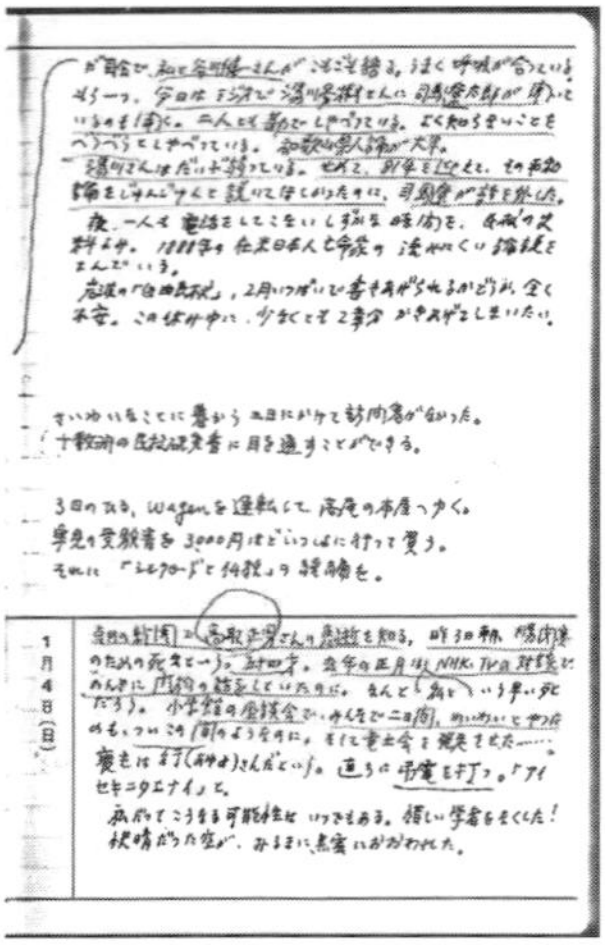

岩波の「自由民権」、2月いっぱいで書きあげられるかどうか。全く不安。この休み中に、少なくとも2章分かきあげてしまいたい。

十数冊の民権研究書に目を通すことができる。

3日の夜、wagonを運転して高尾の本屋へ行く。

1月4日(日)

私だってこうなる可能性はいつでもある。惜しい学者をなくした！

京大国史科出身の高尾一彦君と（1945.3）

ずらしい写真が残っている。それから三〇年後の一九七五年一〇月、京都で岩波文化講演会があったとき、久々にその高尾君と逢っている。

日記にはこうある。

仙台、東京、京都と、岩波文化講演会はこれで三度目だ。岩波雄二郎、伊藤修と京都ホテルで一休みし、会場の京都会館ホールへ行く。聴衆一五〇〇人余、雨の中なのによくこれほど集まる。わたしは最近の当たり作『近代国家の出発』をいかにして構想し、叙述したかを語り、好評を得る。高尾君も聞いていたらしい。

翌日、伊藤修、高尾一彦の三人で賀茂川べりの料亭で会食、結構な京料理である。高尾君に三重航空隊での写真を見せられる。その後、二人で美人画展を見にいったり、お茶を飲んだりして別れる。高尾君の娘は京大だという。心臓が悪く、たいへんらしい。

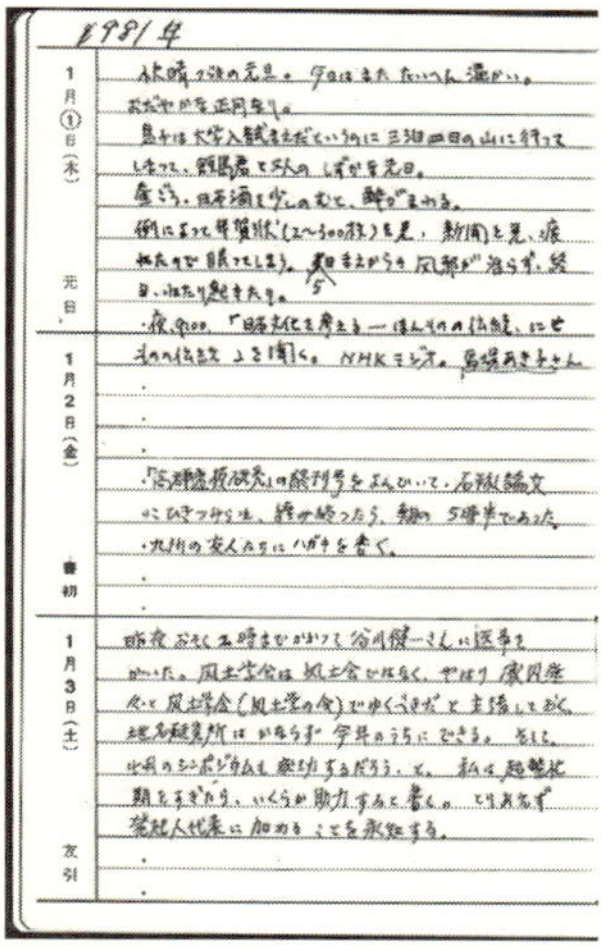

1981年1月のわたしの日記

それから二年半後、一九七八年の一月一三日、ＮＨＫテレビの「教養特集」で、こんどは民俗学者の高取正男、川添登らと座談をする。プロデューサーは阿満利麿氏、アナウンサーは加賀美幸子さん、収録後、晩餐会。そのとき、一六年間つづいた「教養特集」が廃止されることに決まったと聞く。わたしなど、どれほどこのＮＨＫ「教特」に出演の機会をあたえられ、各界各種の人に逢えたか計りしれない。

一九八一年一月四日、朝日新聞で京都女子大の高取正男の急逝を知る。三日の朝、腸閉塞のため死去したとのこと。高取君はまだ五五歳ではないか、去年の今ごろ、わたしと正月番組の対談で、のんきに門松《かどまつ》の話などしていたのに。なんという早い死だろう。小学館の座談会で、みんなで二日間、わいわいとやったのも、ついこの間のことなのに。そして竜土会を発足させたばかりなのに。人生、測りがたい。

喪主は行《あゆみ》さんだという。直ちに弔電を打つ。惜しい人をなくした。秋晴れだった空が見るまに暗雲におおわれた。

竹村和子

陽気で、歌唱好きだった多面的なフェミニズム学者

和子さんは二〇一一年（平成二三年）一二月一三日に悪性腫瘍で逝去された。まだ、五七歳であったという。現役のお茶の水女子大の教授であった。

わたしはこの人が類い稀な秀才で、多岐にわたる業績を残した偉い学者だとはまったく知らなかった。陽気で、歌好きで、料理の好きな、逢えばわたしまで楽しくしてくれる若い友だちだった。

この一〇年、お盆やクリスマス、年末や正月には、親友の河野貴代美さんと一緒に必ず訪ねてきた。わたしは著名なフェミニスト・カウンセラー河野貴代美さんのことは上野千鶴子さんを介し、二〇年も前から知っていた。貴代美ちゃん、チコちゃん、大ちゃんと言いあう仲になっていた。

お互い同じ八ヶ岳山麓の少し離れた所に家があった。わたしは東南麓の大泉村に自宅を（上野さんも仕事場を）、和子さんは西南麓の富士見高原の原村に別荘があった。じつは原村の中古のその別荘は、わたしが頼まれて捜し、斡旋したものだ。大泉から車なら四〇分ほどの距離だから、休みには頻繁に行ったり来たりしていた。

何年か前のクリスマス・イブに原村の和子さんの家で盛り上がったことがある。彼女の手料理、お酒も入って、陽気になり、唄ったり、踊り出したり、病気など忘れたように元気だった。

二〇〇八年秋から一年、和子さんはアメリカに研究で滞在していたことがあったが、その頃から体調がおかしいと訴えていた。そのときには原因が特定できなかったようだ。帰国していくつかの病院でさまざまな検査を受け、油断ならない状況であることが判明した。それは悪性のがんで、二〇一一年三月、大震災の三日後、N医科大学病院で緊急手術を受け、「肉腫の末期」という絶望的な病状が通告された。

それは未だに治療法が確立されていない。この厳しい宣告を河野貴代美、大島美樹子と聞いていた竹村和子は冷静だったという。彼女はいかに終末を充実させて過ごすか、それに関係する書物を読破し、決心を固める。河野貴代美に相談し、支援のチームワーク（チームK）を結成してもらった。

はじめは一五、六人、最後には倍増していたろう。彼女を惜しむ人がいかに多かったかを物語っている。男の参加者はわたしひとり。それから彼女は一〇ヵ月近く生きたのだが、その四月八日、こんな手紙を支援チーム宛に送っている。

「チームKでサポートしてくださっているみなさまへ　こんにちは！　竹村です。感謝の気持ちは言葉では言い表せません。……そのうえ、みなさん！　治療中に、なんと啓示があったのです。抗がん剤を打つ直前に、突如、閃《ひらめ》いたのです。わたしのこれからの研究課題、どんな方向にすすむかが鮮明になってきました。……今まで読んできたこと、考えてきたこと、それこそデリダやラカンやドゥルーズ等の現代思想家やフロイトやマルクスを再読して、さらに飛躍し、それらを越えた『今』を語れるのではないか、と思ったのです。グローバルな時代だからこそ。

そして、二度目の抗がん剤を体に入れるときに、またまた突如、『それができるのは、わたししかいない。このような生のギリギリの体験をして、それをトコトン考え抜き、かつ日本語でも英語でも書けるのは、わたししかいない』と思いました。

『これは絶対生きなければならない、あと十年は生きて、新しい学問を作らなければならない』と考えると、体がカァーと熱くなりました。たぶん生まれ変わった、生まれ変わりつつあるのだと思います。だから、どうぞ信じてください。わたしが、この目標に向かって、何としても生きようとしていることを！」


彼女の不屈な精神、使命感を物語っている。だが、病状は悪化するばかりだった。夏は八ヶ岳の原村の山荘で休んでいた。念のために、近くの諏訪中央病院で診察を受けた後、大阪に行き、河野貴代美さんの助力で、大阪の病院に一ヵ月入院。抗がん剤など治療を受けるが、効果がなく、八月末、東京に帰る。九月末、がんの専門病院で二度目の手術を受ける。結果は主治医から見放され、終末医療、ホスピスへの転院を勧められた。悪性の増殖している「肉腫」、サルコーマであり、絶望的だというのである。

一一月三日、朝、和子さん危篤のしらせが入る。貴代美さんからチームKへのメールだ。わたしのその日の日記にはこうある。

「上野と一緒に見舞いに行こうと話してるうち、先方から遠慮してくれと言われ沙汰止みになる。……竹村和子もいよいよ終わりか、手術手術で体を切り刻まれ、苦しかっただろう。もう静かな終末医療で休ませてあげたい。和子さんはいさぎよい人だから、この間の目白の会（椿山荘での二〇余人の友人の会）に顔を出し、謝辞を述べ、もうこれでよいと覚悟を決められたことであろう。こうなったら本人の望むような静かな最後を保ってあげることがよいのではないか。」

一一月六日、早起きして一路、諏訪中央病院に急行する。貴代美さんからの「二、三日しか保たない」という急報に驚いて。だが、ケア病棟を訪ねて逢ってみたら違っていた。危篤どころか、和子さんは元気で、起きており、わたしの手を握り、笑い、いつものように歌を二曲もうたってくれた。三〇分もいる間、売店に一人ですたすた買い物にいったり、話しあったりした。そのうち、看護師に連れられ治療室に入ったのでわたしは帰った。とても瀕死の人とは思えなかった。

アイルランドで乾杯！　右から竹村和子、河野貴代美

だが、それが元気な和子さんをわたしが見た最後であった。貴代美さんからの通信によると、一一月三〇日、和子さんがいよいよ最後を自覚したとき、「安らかに死なせてほしい」と医師に言ったらしく、モルヒネのようなものを打たれ、全く意識を失ったという。こうなったら、無情なようだけれど、わたしたちには安らかな終わりを祈るしかない。

一二月六日、夕方、千鶴子さん、大泉の山荘に来る。明日、諏訪の病院に行って貴代美さんと会い、昏睡状態の和子さんの寝顔を見てきたいという。一週間後の一二月一三日、竹村和子は呼吸を止めた。

一二月一五日、茅野《ちの》市のセレモニーハート（やすらぎの里）で行われた告別式にわたしは出席した。貴代美さんと涙をこぼして抱きあい、和子さんの死顔をつくづく見つめた。綺麗にお化粧した遺体の脇をみんなの分まで花でうずめる。諏訪大社の若い神主が来て、ノリトをあげた。和子さんは神道だったから「和子刀自《とじ》の命《みこと》」だ。式場はお茶の水女子大の同僚たちが取り仕切っていた。一時半、出棺を見送り、櫻井厚くんといっしょに帰った。

竹村和子は河野貴代美に口述筆記して貰った遺著『文学力の挑戦――ファミリー・欲望・テロリズム』（研究社、二〇一二）と、上野千鶴子の「あなたを忘れない」という解説を持った大著『境界を攪乱する――性・生・暴力』（岩波書店、二〇一三）という遺産を残した。

「和子刀自の命」だけあって、これからは言霊《ことだま》によって、人を動かしてゆくのであろう。

鈴木武樹

快男児からの依頼

鈴木武樹《たけじゅ》がいかに若くして逝った快男児であったかということについては、まえに書いたこと（『追憶のひとびと』）があるので、三里塚で逢い、意気投合したあとの追記だけにとどめる。

一九七七年（昭和五二年）四月一二日のわたしの日記にこんな記事がある。鈴木武樹のことと、ある親子の飛び降り心中のこと。親子の心中事件とは、新聞の三面記事に出ていた。

女房に家出され失望した三五歳の男が、小学一年と三年の子どもを道連れに、東京郊外の高島平団地の屋上から飛び降り心中したというのである。

その男の子が書き残した「天国と地獄」の絵がなまなましい。そこには「お母さんはジ国（地獄）にゆけ」という文字が書き添えられていた。若い母親は三三歳、家計を補うためにキャバレーにホステスに出ていて、そこでパチンコ店の若い男と知り合い、駆け落ちしたのだという。

そのお通夜のようすが翌日の新聞にまた出ていた。その家出した女があらわれ、ただ部屋の隅で泣きじゃくっていたという。よくある話だが、わたしには父親が子どもを道連れにしたことのほうが許せなかった。

その同じ日に、鈴木武樹が電話をかけてきた。じつは一月ほど前にも電話があったのだ。

野坂昭如《あきゆき》や永六輔や大島渚らを参議院に送り出すため百人委員会をつくりたいと。そこには小田実や宇井純らの出馬も期待されていた。河野洋平らの新自由クラブに対抗するためだというので、わたしはＯＫの返事をしておいた。

それから大分たつ。その間に江田派が社会党から出て革新社会連合をつくったり、ばらばらに立候補宣言が出たりで、情勢が混迷していた。そこに今日、鈴木武樹と石川弘義の連名で「革新自由連合」という政治組織をつくるから、その企画委員会に参加してくれという要請書がとどいた。さらに結成大会に参加せよという案内もきた。わたしはこんどは留保した。

そのころ水俣の総合調査団の活動をはじめて二年目で、団長を引き受けていたわたしは、ひどく忙しかったのだ。それに転変きわまりない生臭い政治抗争への参加を嫌悪するような気分も強かった。

鈴木武樹がその後、どんな立ち回りを演じたかをわたしは知らなかったが、関係者によると次のようなものだったようだ。結局、かれは参議院選挙に出て落選することになるが。羽仁五郎がそこへ行く舞台廻しをしたらしい。

驚くことに、わたしが参加しなかった革自連の企画委員会に、なんと六〇人近い著名人や野心家、名士が名を揃えていた。列記してみよう。宇都宮徳馬と羽仁五郎、久野収らの他は、大体鈴木と同世代か一つ上の世代であろう。

赤塚不二夫、秋山ちえ子、　阿佐田哲也、青島幸男、　いずみたく、石川弘義、　五木寛之、

宇井　純、　宇都宮徳馬、　永　六輔、　小沢昭一、　大島　渚、　大橋巨泉、　加藤登紀子、
北沢洋子、　小松方正、　小室　等、　久野　収、　司馬遼太郎、　鈴木武樹、　鈴木　均、
高畠通敏、　滝田ゆう、　田辺聖子、　田原総一郎、　俵　萌子、　手塚治虫、　中山千夏、
野坂昭如、　馬場こういち、　花柳幻舟、　羽仁五郎、　マキノ雅弘、　美輪明宏、　八代英太、
山田宗睦、　矢崎泰久、　吉川勇一、　吉武輝子、　和田　誠、　前田武彦、　はらたいら、
横山ノック、他……

革新自由連合の旗揚げは一九七七年六月一日、渋谷公会堂であった。「革自連マニフェスト」として、午後の部と夜の部にわけ、延々六時間に及んだ。それがまたすこぶる面白い。

冒頭の挨拶は矢崎泰久、中山千夏、ばばこういち、例の「話の泉」の仕掛け人たちがやった。つづいて俵萌子、横山ノック、吉武輝子が登壇。そのあと、ティーチインがはじまるや、加藤登紀子が革自連の性格について痛烈な批判をすると、大島渚が吠えるやら、最初から大混乱だったようだ。

夜の第二部はもっと面白かったらしい。青島と巨泉が登場、つづいて鈴木武樹が吠えたという。かれは例によってでかい声で、「天皇制廃止と日本連邦共和国の成立」を叫び、大喝采を受けたと。

次に演壇に立った羽仁五郎が、「今のすばらしい発言をしてくれた君、君だよ鈴木クン、ぜひ参議院選挙に立候補してくれ」と発言。会場は「武樹《たけじゅ》コール」が鳴りやまず、鈴木は青ざめ、「いま収録しているクイズダービーが調整できれば」と言明、会場は一気にヒートアップしたという。

そのあと羽仁の愛人という噂がもっぱらの花柳幻舟が登壇、自分がいかに差別されてきたかを嘆いたあと、鈴木武樹が私に「天皇制の廃止は言わず、共和国建設のことを言え」とアドバイスしてくれたと暴露、「私は右翼に刺されましたが、私を守ってくれる人は羽仁五郎しかいません。でも、七七歳の五郎に私を守りきれるはずはありません」と嘆き節を語る一幕があったという。

それはともかく、鈴木は参議院選挙に革自連から出て全国を遊説してまわり、奮闘したが、おしくも落選した（中山千夏は当選した）。その直後、胃がんが発見され、三人の愛児を残して、大急ぎであの世に逝ってしまった。

一九七八年三月、享年四三歳、惜しむべき人物をはやく亡くした。

人生茫々

色川徳子

本文に「色川徳子――波乱の戦前戦後を生き、自分史を記録する」のなかで書いたように、母徳子には『人生茫々』という自分史がある。その著書は、一九八五年（昭和六〇年）に、ふだん記グループの印刷会社清水工房から、少部数、自費出版された。それから三〇年近く経って、この稀少本を手に入れることは極めて難しくなった。そこでこの際、全編をここに収録しておく意義があると、私も編集者も考えたのである。

この本が上梓されたとき、母は八三歳であったので、私はこれは遺書になる、香典返しなどにも使えるものになろうと、秘かに考えていた。ところが母はそれから八年間も生き、一九九三年、平成五年五月に他界した。

その葬儀は、歴史学者で同郷の私の先輩である日蓮宗浄国寺の小島一仁大僧正によって営まれた。いま千葉県香取市佐原の寺宿にある浄国寺色川家先祖代々の墓に埋葬されている。

父が死んでから一六年、母は四男の新治郎夫妻と暮らしたが、「苦しまないで消えてゆくように息をひきとった」と。最後をみとってくれた弟の言葉に、わたしは救われる思いをした。享年九十一歳。

序

利根川のほとり、水郷の美で名高い佐原町に生まれて、早や八十余年の歳月が経ちました。「光陰矢の如し」といいますが、今までの生涯を振り返って見ますと、すべてが数年のうちの出来事のように思えてなりません。

私が『ふだん記』を読んだのは五、六年前のことですが、全国各地の皆様の手記を読ませて頂き、深い感銘をおぼえました。

私と同じような境遇の方々が、そして同じように過去を背負って生きて来られた方々が沢山いることを知って、大変勇気づけられました。

私の息子のすすめもありましたが、この『ふだん記』との出会いが動機となり、いつしか私なりの人生の断片を手記にまとめてみたいと思うようになりました。

物を書く事は初めての経験で、なかなか思うように筆はすすみませんでしたが、橋本先生や四宮さんの御協力をうけ、『利根川のほとりにて』という題で、数編の原稿を『ふだん記』誌上に発表させて頂きました。

これは私の人生にとって忘れ得ぬ記念の作品となり、心から喜んでいます。このたび私のつたない手記を一冊の本にまとめることになりました。

出版にあたり、これまで終始変らぬご援助を下さいました橋本義夫先生並びに四宮さつきさんに心からお礼を申し上げます。

色川徳子

第一部　私の歩んだ道

第一章　喜びも悲しみも幾歳月

先祖の話

私は明治三十五年九月一日、千葉県佐原町に生まれました。

私は生後わずかにして母と生別致し、父方の祖父母に育てられました。祖父は士族で善助、祖母はとみと申します。祖父は香取町の生まれで、現在でも名の知れた家に生まれ、香取神宮の宮司を勤めた人も出た家柄で、現在でも繁栄致しております。姓は岡沢家と言います。祖母は佐原の商家の生まれだそうです。

そして今でも城あとが残っておりますが、佐原より少しはなれた山村の矢萩村という所に矢萩城がありました。城主は千葉というお殿様で、祖父はお城の城代家老永沢治郎左衛門という人に仕えていたそうです。

祖母もそのお城のお局頭《つぼねかしら》を勤めていたそうです。明治の御代となりて、チョンマゲを切り、二本ざしを捨てて、祖父も宮仕えを辞めて、養子となりて佐原町に住み、色川家へムコに入ったと聞かされております。

私はその祖父母の次男八十八《やそはち》の長女として生まれました。

武士を辞めて商人となった祖父は、祖母と共に、それはそれは並々ならぬ苦労をなされて、数年後に祖父は土木業を、祖母は若い男たちを相手に、町や近村の荷物を運ぶ運送業を始めました。そして、どちらも成功して、私の五歳の時は町でも少しは人に知られた地位になったとのことでした。

祖父母には、私の父が次男で、他に長男と三男、娘が二人の五人の子供がありました。私には伯父伯母にあたります。

長男の伯父佐太郎は祖父を助け土木業に、次男の父と三男の叔父道之助は祖母と共に運送業を、伯母たちは家事の手伝いをというように一家協力して家業にはげみ、色川家はますます盛んになったとのことでした。始めは祖母も荷車一台から始めたそうですが、私が七歳の時は荷車も八台、牛車馬車と揃えて盛んになったのです。これが佐原色川家の初代の方だったのです。

私は生まれた時は五体満足の丈夫な子として生まれたそうですが、生後間もなく母の不注意から左手を痛め、手のくるりをはずしてしまったようです。祖父母は家の事を省りみず、私のために医師、うらない、神だのみと、それはそれは端《はた》の見る目も気の毒なほどに心配してくれたのだそうですが、医術のあまり進歩していなかった時代で、どこへいっても思わしくなく、その内に痛みも止まりてか、泣かなくなり、最後に東京の順天堂医院の外科に行きましたが、診察の結果、まだ半年も経っていない乳児を手術する事は出来ないと言われて、家に帰されて来ました。

それからの私は、家に働いていた若夫婦が私と同年に生まれた子を亡くしてお乳が出るので、屋敷内に家をたてて乳母として、毎日祖父母の愛のもとで乳母に育てられたそうです。それがため母は私が顔も知らぬうちに離婚されたということです。

それから私は乳母を母と思い、五歳まで育てられました。乳母はやさしい人でしたが、七歳の時、家をはなれて近くの家に移りました。それからも私は毎日学校から帰ると、必ず一度は乳母を訪ね、乳母も毎日一度は私の家に来て遊んでくれました。

生徒時代

あるとき祖母に私が、なぜ乳母と別になったかと問いましたら、今、話すべきはずではなかったが、お前の生母は不注意からお前の左腕をいためたため、生まれもつかぬ不具者にしてしまったので家を出された。大きくなってお前の所へきても必ず母と思うでないと言われ、お前の親はおじいちゃんおばあちゃんで、乳母はお乳をもらっただけですと聞かされました。私はあの乳母が母でないとは信じられませんでした。乳母の恩は今でも忘れた事はありません。

其の後は祖父母や伯母様たちのお世話になって、親はなくても私は何一つ不自由せずに学校を卒業しました。家庭教師をたのみ、着物の着方、片方の手で出来るていどの裁縫も習いました。私は祖父母や伯母周囲の人たちの暖かい心に感謝しながら生きつづけて参りました。

私が一つ納得のゆかぬ事は、祖父の次男で私には父である人を「父」と呼ぶ事を禁じられていたことです。それで私が十七歳位まで、父を「兄さん」と呼んでおりました。それには祖父母も私に言えない事情があったと思って、私も気にせず、ただ祖父母の愛の下で毎日をたのしく、手のきかぬことも忘れて過してきました。

ふりかえって生徒時代を思い出しますと、体操やゆうぎの時間に友だちとはずれて、そばで見ている内に、自分も両手がきけばと思い、泣きました。又校庭の掃除の時など片手で掃いておりますと、男の人や同級の女友だちなどが私のまねをし、大声をあげて笑うこともありました。そんなとき私は泣くものかと歯をくいしばっておりましたが、中には仲よくしている友だちになぐさめられて、流れる涙をふく事もなりませんでした。

ときどきおばあさんのいわれたことを思い出しては、母を恨みました。とにかく私は物心ついてからは、片手の不自由さをつくづくかんじて、人知れず毎日一、二度は必ず泣きました。でも、外での悲しみは家の人に話したことはありませんでした。

右に記しましたのが生徒時代の辛かった思い出です。

色川組の全盛のころ

祖父母の事業は家族の協力により栄えました。祖父は千葉県下の土建業に、又次男の父は新たに鉄道指名の請負人に、長男の伯父は山武郡成東町に住居を移し、その地で土建業を、祖母も次男三男と共に運送業を、盛大に営んでいましたので、「色川組」のはんてんを着た若者がたくさん居て町中をにぎわすほどでした。貨物自動車を米国フォード会社の代理店より購入し、佐原町での初めてのトラックだといわれました。

この喜びもつかの間、大正七年祖母が安心したせいか病の床につきました。そして十日ほど病んで、皆にかこまれて薬せき効なく亡くなってしまいました。大正七年十二月十一日でした。

私はそのとき十七歳でした。家族の悲しみ、使用人のなげきの中で、立派な葬儀が行われ、涙の内に帰らぬ人となってしまいました。それからまた、間もなく末の叔母様も病いで亡くなりました。その後は、仕事の方は順調でした。家は祖父、叔父、伯母、私と女中とで、夜など四人で寝起きして、祖母のいないのがとても淋しかったのです。

次男の父は後妻をもって別居致し、それが今現在私の住んでいる場所です。祖父はそのころ佐原駅前が未開地であったので駅の近くに家を建てて、隠居所として心の合った人たちと将棋、碁の会所として毎日たのしんでおりました。それが現在のすみれ化粧品店なのです。遊び終ると祖父は夕方家に帰り、当時は使用人には日給でしたので、書記係と人夫の支払いをすませるのが祖父の日課の一つでした。

今一つの日課は在世中、勘定を払うとき大きな土びんに四斗入れの酒のコモカブリから酒を出してタクアンで、働いた人夫たちの労をいたわるため、祖母がしてきた通りに実行することです。働く人たちも仕事を終えてきてそれが何よりのよろこびの一つでした。私も祖母の在世中のときのように遊んでいるわけにもゆかず、自分から進んで帳簿の係に加えてもらい、少しでも家のためになろうとソロバンなどおぼえ、役に立つようはげみました。結構たのしい毎日の仕事でした。

その後一家は何事もなく毎日を送り、別に変りしこともなくて、大正九年を迎えました。私十九歳を迎えた初秋の季節でした。

最大の悲しみの日

喜びも悲しみも幾歳月《いくとしつき》と言った人がありましたが、その通り我が家にも最大の悲しみの日が来ました。それは祖父が九月九日とつぜんたおれ、主治医の久保先生もおどろいて東京から名医を呼んでくれました。家族のおどろきはとうてい想像も出来ません。東京からきたお医者さまは何か久保先生と話し合って一泊してかえりました。

十日朝、祖父は気がついて、ふだんと変りない位になり、正午ごろ書記係と興業銀行支店長とを呼んで、不動産取引先の貸金と遺言めいた事を話しておりました。そこで、すっかりよくなったことと私も家の人々も安心して、九日不眠で看病したので、それぞれ休みにゆきました。祖父は叔父（三男の道之助）と私を呼んで、ふとんの下から私に二十円金貨を六百円、三男の叔父様にもいくらか知りませんが手渡して、「今まで通り兄妹として仲よく暮らすよう、片手がないのだからいたわってくれ」と、叔父にたのんで、その夜は手製のアイスクリームをたべて休みました。

十一日の午後一時頃、次男の八十八《やそはち》をよび、私と親子の名のりをさせて、今から父とよぶように、父には「子にたいして今までのつぐないをせよ」といい、私には「父を大切に親一人子一人のことで仲よく暮らせ」と言われました。父もうれしそうでした。家族があつまりし午後四時ごろ、疲れたというて床に入り、大いびきをかいて眠りにつきました。そして六時、陽も西にかたむくころ、家の中も薄暗くなり、イビキがきこえなくなり、医者様が来るのもまに合わず永眠致しました。

東京の医者様は「十一日が峠」といって帰京されたそうです。遺産は銀行の支店長に一任されてあったようでした。当時祖父は町会議員三期、土建業の千葉県会長など種々の名誉職を致しておりましたので、葬儀は佐原きっての立派なものでした。私はただ茫然として何もわからず、自分という存在も忘れて、ただ涙にくれて毎日を送りました。叔父も泣きました。

祖父善助は六十五歳でした。私は生まれて十九歳まで育てられ、教育され、ほんとうに私には大切な親代りの祖父母でした。この時までは幸せな年月でした。

義母と暮す

祖父が故人となりて、私の幸せな日々はこれで終りました。叔父も結婚して、祖父母の残した家で本家をつぐことになりました。一人残った叔母も茨城県水戸に嫁入りしました。そこで私は父に引取られて義母と住むようになったのです。

父と義母と他に女中が二人、多勢の若者、中年者が住込みで働いておりました。叔父も父と同じ仕事です。私も始めは電話番をしていましたが、だんだん台所や家事などするようになり、住居も食事も女中と一緒でした。義母から見れば私も女中でした。

十九歳まで、お勝手仕事はしたことがなかったので、ずい分辛かったのです。夜眠れぬ晩は過去の幸せを思い出して、肉親の者たちのあまりにも優しくして下さったことなども思い出します。私は生来我ままな所がありましたので、自分の言い出したことは大てい思い通りになりて、十九年間通ってきたのです。次から次とうかぶ過去を思い、とめどなく流れる涙でした。

月日が経つにつれて、義母の私に対する仕打ちはすごくなり、使える方の右手はヒビ、アカギレでむらさき色になり、左手は氷のように冷たくなっておりました。そんな時に、なぐさめてくれた叔父叔母は私の唯一の心のよりどころでした。父も中にはいって苦しんでいたようです。父も祖父の遺言により父らしくし、優しい人でした。

結婚・別居

大正十一年春ごろ、私にムコ養子の話しが出て、私は不具を理由にことわりつづけて来ました。父は私に養子を迎えたら、義母と共に別居する考えだったようです。私もそれを知りて父の言うままに農村からムコを迎えることに決心しました。十一年九月でした。

私が結婚後、父は間もなく佐原町の田中という所にすし屋の店が土地付きで売りに出たのを買って、そこへ移りました。家号も前の店主のあとをついで鹿島家《かしまや》といいました。そこで料理店を始めたのです。私のために父は別居した事がわかりました。其の後は父は朝に来て、種々と仕事の手配などを叔父と主人、若者たちに言付けて監督しておりました。義母はめったに来ることはありませんでした。

土建運送業などで働く男たちは昔も今も同じ、皆がんこで、ともすれば荒っぽい人が多く、路銀かせぎに二、三日働いて、金がはいるとすぐ旅立つ人もあり、使う方も随分と苦労したものです。住み込みの男たちは十五、六人おり、通いの男たちも三十人くらいいたと思います。

其のなかで主人の新助は、なれない仕事で苦労したようです。でも父や叔父がよく指導していました。私も朝から今まで親のしていた通り、運送のだんどり、車の配置をしたりして働きました。其のころは朝七時、夜は帳簿の整理などで十二時ごろまでかかりました。父に感謝されながら、運送業の方は一切私がやることに自然になってしまいました。使用人の中には、とても無教養の者が多く、私も随分なやまされました。でも義母といっしょのときとは違い、家業にかける苦労でしたので耐えられて来ました。

家業に励む

大正十二年、主人は東京の当時蒲田自動車教習所に入り、六ヶ月で運転免許証を取りてトラックを購入しました。車は三台になりて、毎日他の二台の車と共に主人は自動車専用の運搬をやりて働きました。父は主人を気に入って家に迎えたくらいなので、よくめんどうを見ました。私がたまたま不平や悪口をいうと、かえって私をしかったくらいでしたので、私はその点では悩みはありませんでした。

その年に長男が生まれました。大正十四年次男が生まれ、昭和二年に三男が生まれて家がせまくなりましたので、祖父の残した佐原駅前の隠居所を新築して大きな家を建てました。

元の私たちの住んでいた家は、二階が六畳で下は八畳二間、台所が多勢の若衆の食事する所でしたので、大広間だったのです。私たちが駅前へ移ると今までの家は事務所とし、庭内に四軒、永年勤めた人を住まわせました。私も駅前の家から通って今まで通り家業にはげみました。

私は前記の通り片手が不自由のため、子供たちには一人一人お守りをつけて世話をしてもらいました。オムツさえかえてやれない母親なんてあるでしょうかと、自責の思いでしたが、これも仕方のないことです。私には子にたいして母の資格のない女です。それでも雇った娘たちはよく子守りをしてくれました。皆十三歳位の子供です。その上に中年のおばさんを一人たのんで、子守りには出来ないことをしてもらいました。そのおばさんが指導者となって私の息子たちのめんどうを見てくれていました。

私はただお乳をあげるだけで、夜は子供たちと一緒にやすみ、ひるは仕事の合間を見て遊んであげました。でも子供たちは皆元気で丈夫に育ってくれました。父も時々孫の守りなどしてくれ、よろこんで所々へつれてあるき、たのしい家族の毎日でした。

主人もすっかり家業になれて、父や私がいなくても一人で営業するようになりました。駅前に新築した家は昭和二年にすっかり完成しました。大きな立派な日本建築の家でした。父、八十八は間もなく義母と離婚しました。どういう理由か知りません。そして田中の家には営業や父の身の廻りをする開店以来の旧い女中がいました。私は其の方にはかかわり合いなく、父の思うようにさせておりました。

第二章　戦争の渦の中に

戦争と家族

その後、駅前の家も店が広く、あけておくのももったいないと思い、父や主人と相談して喫茶店とお土産物屋を始め、売子も女の子を二人たのみました。駅前もそのころはまだ縁台の上に赤げっとうを敷いて旅人を休ませていました。食堂もおみやげ物を売る店も少なかったのです。

香取、鹿島両神宮は軍人の神様でしたので、他県からの参拝する人々も多くなったので、食堂を始めました。結構忙しく私も一日中休むひまもなく働きました。運送店の方は主人にすっかり任せて、私は自分の家業にはげみました。今は交通も便利になり、鹿島行の電車があり、佐原で乗り替えて鹿島神宮へ直通の便がありますが、その当時は佐原駅で下車してから鹿島神宮行のバスを待つのでした。そこで、時間の関係上、駅前の食堂も三軒ありましたが、かなり忙しかったのです。

中国との戦争が始まってから、香取神宮と鹿島神宮には、他県や近村から祈願する人、参拝する人が年々ふえ、旅人の出入りがはげしくなって、駅前はますます忙しくなりました。戦争が永びくにつれて物資が配給となり、事業も合併を命じられ、運送業も丸通《まるつう》運送と合同し、貨物自動車も合同し、私が当時タクシーを営んでおりましたが、それも合同してカブ（株）をもつことになりました。

合同になったのは、近衛内閣の時代とおぼえています。手持ちの金はみな封鎖されて、月々私の家族は十一人でありましたので、月におろせる金は千百円でありました。衣料も切符制で、女中たちには私の着物をきせて働いてもらいました。

食堂も合同させられて外食券食堂となり、町に三ヵ所造られました。私の家は駅前でも大きかったために、第一号店と指定され、十軒の飲食店主があつまって営業するようになりました。私は店だけ無料提供して女中を出して引込みました。

その後、世界戦争がはじまりますと、主人は貨物自動車会社に常務として毎日勤務するようになりました。長男の善助は佐倉の五十七連隊に入隊致しました。次男の大吉は東京大学より学徒出陣で茨城県土浦海軍航空隊に召集され、三男の和三郎は自分の志願で支那、今の中国の上海に同文書院という大学がありまして、その学校に入学するために戦争中に出国致しました。家には中学生と幼児四人が残りました。

戦争がはげしくなって毎日空襲が多く、外食券食堂も休みが多くなり、休業がつづきました。主人も会社を休み、家にいて、家族や町内を守るために毎日隣組の人たちと防空の仕事についておりました。

接収されたわが家

私は幼児をつれて主人の実家、香西村の山奥に一時、疎開致しました。幼児の食料は家から一日おきぐらいに子供が運んでくれました。

ある日、お米が切れたので家にとりにきましたところ、食堂は引払われて、今度は四国あたりの有明《ありあけ》部隊とおぼえていましたが、軍隊の兵舎となっており、二階は全部将校が使っていました。その窮屈さといったらお話になりませんでした。これも国の命令とあっては仕方がないと家族は言っていました。

私は乳児がいましたので、たまたまおむつを干しに行きましたら、物干し棹はシラミの行列でした。兵隊さんにききました所、これは下の兵隊の物干に使われていたためとのことでした。将校は水商売の女らしい人がきて身のまわりの世話をし、洗たく物も二階に干します。食事も買物は兵卒の仕事で、煮たきは女の人がやっていました。上下の差があまりにもひどいのに私は腹が立ちました。

その夕方ひどい空襲があって、私は子供をおぶって疎開先に夜道をかけて帰りました。途中二回ほど空襲にあいました。松の下にかくれており、漸く疎開先に着いた時は日もくれて、まっくらな時間でした。

私は二人の出征している息子、支那に渡った三男のことを心配して毎日を送るうちに、お乳が出なくなってしまいました。そこで、佐原からヤギを買ってもらい、当時十歳の男の子にお乳をしぼらせ消毒させて、一日に三、四回乳児にあたえていました。毎日の日課とはいえ三、四回もお乳をしぼり消毒して作るということは十歳の子供には大変な仕事でした。

私は今日それを思い出すたびに、六男に当る息子博に深く感謝致しております。無論おむつも着替えも私が片手では出来ませんでしたから、妹と弟の世話もしてくれました。

そのころになると、長崎、広島、東京とほんとうに恐ろしい米軍の空襲の連続でした。私はその当時ただただ神仏に戦争に出征した方々や息子たちの無事なることを祈りつつ、幼い子供をかかえて夜もねむれぬ日を送りました。

二十年八月上旬、隣の潮来町というところが爆撃されて町の一部が焼け野原となったと聞かされ、実に驚きました。其の翌日でした。今度は目と鼻の先にある佐原駅前に爆弾をおとされて駅の旗ふりの人が死亡し、駅員がけがをしました。幸い駅前の家々は無事でした。

敗戦の日

八月十五日、幼い子供たちは一度家にかえりたいと言い出しましたので、朝早く疎開先より帰り、正午ごろとおぼえていますが、山へ帰るつもりで丁度諏訪神社の前まで来ました所、多勢の人が外に立って何か話しをしておりました。其の中の一人のおばさんが、私の名をよんで「もう疎開先に帰らなくてもいいんですよ、戦争は終りました、日本は負けたんです」と涙声で言いました。

私はおどろいてすぐ家に引かえしましたところ、近所の方々や主人始め子供が声をあげて泣いていました。兵隊さんたちも皆しょんぼりしていました。天皇陛下の放送されたラジオの事でした。私もみなと泣きました。日本人としては生涯忘れることのできない終戦の日、八月十五日正午の事でした。

その夕、私は牛車を二台つれて疎開先へ行き、荷物などまとめて家にかえりました。翌日、家にいた兵隊も荷物をまとめて駅に出、二日後、将校さんはじめ皆引き取りました。若者をよんで、家は大掃除、シラミ退治も致しました。前に働いていた人たちは中年老人あわせてわずか七人ばかりでした。女中も二人かけつけてきてくれましたので、私は大助かりでした。

食糧がなかったせいか牛が二頭やせて牛小屋につながれていたのもあわれでした。軍隊がおいていった麦を煮てやると、牛はもりもりたべました。

軍隊が引きあげるときに将校が私の家の部屋代のかわりと残してくれていった物資にはおどろきました。民間の人は皆配給制でしたのに、それにお芋の常食でしたのに、将校さんたちはお米を常食にしていた上に、砂糖やキャラメルその他種々な品をもっていたのにはおどろきました。

沢山の物資を荷造りして貨車で送ったようですが、其の品はどこへ運んだのでしょうか、と家族と話しました。戦地に行くでもなし、国防のための軍隊であったでしょうから、私は不思議に感じました。

終戦直後は世の中が乱れて、目にあまるほどでした。いま思えば長男が戦争中、内地勤務でありましたが、病気になりましたので、私は戦火の中をくぐりて銚子港に行き、外川《とがわ》のがんぺきに立って寒風にさらされながら漁師が入港するのを待ち、自分たちの食糧にととってきた小さな初ガツオを無理にたのんで譲ってもらい、家に帰っていろいろな品を揃え、(これは皆品物交換で手に入れた物ばかりです)片手に荷物一つ下げて、首に一つつけて、佐倉の長男善助のところまで運んだこともたびたびでした。

出征した息子たち

その当時はよく雪がふりて、習志野の原野は雪にうづまりて、膝まではいり、ようやく病院につきて長男に品物を渡してきました。

病気のため支那へ出征することは避けられましたが、長男の部隊は沢田部隊長の指揮のもとに間もなく北支に出征し、全員戦死しました。病弱のため内勤であった長男は戦死をまぬかれましたが、他の方たちはほんとうにお気の毒な事をしました。当時は私もそれを思うと、何とも言えぬ感にうたれました。

次男は前に記せし如く土浦航空隊に入隊し、其の後紀伊半島に移る事になり、主人が十歳の子をつれて両国駅まで日本刀をもって面会に行きました。帰りの切符が手にはいらず、困って次男にたのみ、切符を求めてもらい、空襲下市川までたどりつきました。夜もおそくなりて、学生時代次男の下宿しておりました市川の大日向さんの所に泊めていただき翌日かえってきました。主人は涙をうかべて「さすが別れが辛かった」と言い、また、切符が買えないのに軍人の息子にはすぐ売ってくれたと、当時の軍隊の力が如何に大きかったかを話しておりました。

その後、長男は憲兵となりて、家には月に二度位くるようになりて、間もなく除隊し、それから数ヶ月後に次男も帰郷しました。長男はわが家の運送店が丸通運送店と合同した関係上、丸通運送店（日本通運佐原支店）に勤めることになりました。次男は帰郷後、精神的に種々と大変であったようでしたが、苦境を乗越えて数ヶ月後、再び東京大学に復学致しました。主人も自動車会社を解散し、また自分で営業することになりました。

売りぐい生活

私も店がありましたので、ほそぼそ食堂を始めましたが、戦争が終ってからは軍の神様であった香取、鹿島両神宮もまったく参拝人がなくなり、佐原駅前はひっそりしてしまいました。香取町は火の消えた状態だったと思います。交通機関のバスもお手上げでした。

そんなわけで、食堂もお客が少なく、毎日かぞえる程の出入でした。持金は封鎖され、その上預金も二重封鎖になりて金は一銭も返って来ませんので、余裕はありませんでした。主人の仕事も収入は少なく、生活費にも困り、田畑や小さな土地がそちこちにありました（これは皆、初代の祖父が私たちに残してくれた物でした）それを金に代えて生活費にあてて暮らしておりました。別居した父の方もあまり思わしくなく、父の家族もみんな私たちと一緒でした。

そこで父と相談して、元の土地に駅の構内の方へ向けて五十坪ばかりの倉庫を二棟たて、一棟は自家用、一棟は貸倉庫を始めました。市内の商人から利用されて貸倉庫は忙しく、倉庫掛りも三人つけて軌道にのりました。これでいくらか生活の方も一息つくことが出来ました。

昭和二十年暮れに十四、五人の家族が正月を迎えるためにモチ米がなく、四男の新治郎と茨城の新島に田があり小作人をつけておりましたので、そこへ行って小作米を請求し、その田を売りて、その当時二万二千円とおぼえていましたが、その金でモチをついたのです。右のようなわけで商売ではとてもやってゆけず、生活費や其の他の必要な金のために祖父からゆずられた小さな土地、田畑はほとんど売りました。

話は前後しますが、以前働いていた若者が七人ほど働きに来ておりましたので、その人たちがおモチをついておりました。

忘れも致しません。モチつきの最中に、一人の青年が家の中をのぞいておりました。私がだれかと思って外へ出て見ましたら、その青年は片時も忘れぬ支那へ渡った三男の和三郎でありました。

私は不意のこととて一時はぼんやりしてしまいました。家族のよろこびは言うまでもありません。家に入れて話をききましたところ、よその人が住んでいるのではないかと、数時間外にいて、誰か出てくるのを待っていたということでした。つもる話も後にして、翌日医師に来ていただいて見てもらいました。栄養失調でありましたので、急に食物をとってはいけないと注意されました。それから三ヶ月後、体力もつき、元気になりましたので、やれやれと皆安心致しました。これでわが家は三人とも無事でした。

第三章　戦後の家業再建と晩年

子供の病気・転業

昭和も二十三年を迎えました。父の発案で、私はあまり賛成しなかったのですが、土建業を株式会社にするため七人ほど株主となりて、会社を組織しました。資本として株を持つため自家用であった倉庫を売りました。二十六年十月頃とおぼえています。

父はお酒はのみませんでしたが、主人は職業柄大酒家になり、そのため胃潰瘍を病んで事のほか重く、九死に一生を得ました。五ヶ月ほどかかって治りました。主治医の島崎先生より禁酒禁煙を命ぜられました。そんなわけで、父も老齢となり、日新建設株式会社も資本金の回収を見ずして、わずか三年たらずで解散しました。事業に失敗した主人はその後何もせず家におりました。

六男博《ひろし》は十七歳になっていました。本人の申し出により東京浅草の洋品問屋に奉公に出ました。戦争中当時十歳でしたのに、弟妹の面倒を見てくれ、私と疎開し、戦後もずいぶん家のためにつくし、苦労し、学校もろくに行けなかったのに、よく私につくしてくれました。この六男の浅草での奉公が商人となるきっかけになりました。

一年半ほどたって、荷物を背負うとき脊髄を痛めたといって家に帰ってきました。骨折医に見てもらい、ふとんの上にコンクリートみたいなギブスを敷いて、冬でもその上にあおむけになって三年寝ておりました。医師に行く時はサイドカーに乗せられて行きました。三年間の内に学校の本をよみ、勉強しながら闘病生活をつづけました。そのうち六男の病気もよくなり、コルセットをつけて起居するようになりました。

昭和三十年、私も考えて、全治しても、とうてい六男も主人も力仕事は出来ない、と思いまして、食堂を止めて残った倉庫を売りて、それを資金にし、なにか商いをしようと考えました。店の一ヵ所は時計店に貸し、半分に和洋裁の小物を売る店を造りました。

むろん私一人では出来ませんので、全快した六男博の協力で始めました。こまかい商品で、売上も少なかったのです。息子と相談して化粧品もやる事にしました。始めは売れ行きも思うようでありませんでしたが、だんだん軌道にのって、お得意様も出来て売上げは上がる一方でした。

六男の東京での奉公はわずかの間でした。しかし、身についた商人肌と申しましょうか、とても商売熱心で、お客様のうけもよく、店の売れ行きはまずまずでした。これが現在のすみれ化粧品店の元祖であります。

この年、昭和三十年十月、時計屋さんに貸してあったところを明けてもらい、前に使用していた土建事務所の方へ移ってもらって、店をひろげました。店は大きく立派になり、十月下旬、隣の時計店と同時に新装開店しました。化粧品、婦人アクセサリー、婦人小物、和洋裁と幅広く営業致しました。六男の息子は必死になって、早朝から夜おそくまで品物の整理や仕入れ品など調べ、働いてくれました。すみれ化粧品店は同業者よりおどろかれるほどの繁盛ぶりでした。

これによりて私の家も土建業からはなれて実業につき、生活も永年かかりて戦争の痛手から立直り安定致しました。息子たちもみな社会に出た者もあり、父も料理店を止め、後妻と共に喫茶店を開いて老後を安らかに送るようになりました、が、それでも父の扶養費は毎月小遣と共に私が送っておりました。

父の死、六男の苦労

営業の方は安定いたしましたが、その間いろいろの出来事がありました。生活の方はまあまあという方でした。

昭和三十七年三月二十六日、私の父八十八が八十歳で老衰のため死去しました。明けて三十八年五月、店の責任者である六男博が、成田市で化粧品店をしている女性と知り合い、結婚したいと言いました。女性の方は跡取り娘でしたので、養子に行くことになり、私もすみれ化粧品店の後をやる息子がありませんので困ってしまいました。

しかし私も考えました。今まで私のため家のために幼時よりつくしてくれ、すみれの土台を築き、どうにか同業者とも五分のつきあいが出来るようになったのも彼の努力です。それに六男は父と気が合わぬというか、主人は金庫のかぎをにぎって彼にはただ店の商売をまかせるだけ、それでも彼は不平一つ言わずに店のために働きつづけていました。私も何かにつけては彼に辛くあたる主人に反発するようになりました。このさい成田市に行けば自分の思うように大商人になるだろうと、彼の先々の幸せを考えて養子の件を承知しました。

そして三十八年十月五日、博は東京ダイヤモンドホテルにて結婚式をあげました。成田市の店の方も嫁の兄弟が四人で学のある立派な方々でしたので、息子は今のようになるまではずい分辛い修養をしたのでした。成田の家の長兄様は私の辛い気持をよく納得され、成田の店は支店と思って気軽に来てくれるよう言うて下さいました。姑様もしっかり者の方で、息子もよく心得て、つかえたようでした。私は博を他家へくれるのはとても悲しく辛かったのです。

新装すみれ化粧品店

その後店のあとをやってくれる息子を次男に相談しました。次男は東京経済大学の教授を致しており、弟の四男を大学に入学させておりました。私は次男に四男を家に帰らせてくれるようたのみましたが、次男は「彼は学者肌で商人にはむかないし、目下大学に入学しているからだめ」と言われ、また四男本人も「商人はいやだ」と言いました。でも、四男の新治郎以外に家をやってくれる息子は当時いなかったのでした。

私はどうしても家にかえってきてくれるよう、次男と本人に泣いてたのみました。二人共私の泣きおとしにとうとう納得してくれ、大学は試験日だけ登校するよう次男がはからってくれました。私も六男が外へ出たため、折角学問によりて身を立てようと思った息子に、学問を棄てて商人になるよう頼んだので、次男と四男には申訳ないことをしたと思うております。

その後店にも馴れ、昭和三十九年十月、四男は又も店をひろげてにぎにぎしく二度目の新装開店を致しました。

その後の父（主人）は四男と仲よく、何一つ店のことに口を出さず、息子について行きました。相変わらず金庫はにぎっておりました。それが主人のたのしみでもあったのでしょう。

四男も正直な、とても心の優しい方で、父にさからわず、主人も気が合うせいか何でも息子の言うことをきいており、朝も早く起きて店をあけ、店員のくるまで店番をしており、それが毎日の日課のようで、親子は仲良く日々を送っていました。

すみれ化粧品はお得意様もふえて、昭和四十年ごろは佐原市の化粧品業組合でも上位に進んできました。四男もすっかり商売に馴れ、その上に店員が市内の知人から雇った者ばかりでしたので、家族同様で店のためによく働いてくれ、お客様の応待もよく、お得意様も日一日とふえてきました。それに温厚な息子の評判もよく、周囲の者から好意をもたれて信用も増し、店はますます好調に進みました。

ハワイ旅行へ

商売の方は成田市にいった弟と同業のため、何かと商売につき商品の仕入れなども相談し、連絡を取りて双方とも繁栄致しました。成田店も大きく新装致し、市内でも一流の化粧品店となり、佐原店を上廻るほどの店となりました。

私も主人と東京に住む息子たちに代わるがわる旅行につれていってもらい、とてもたのしい月日でした。佐原店は私たちがいなくても息子が心配なく商売しますので、何の心配もありませんでした。

他の息子たちも大学を出て、それぞれの職場につき、自分の希望で嫁を迎え、家庭をもって、皆それぞれの道を進み、社会人となりました。大学を出てからそれぞれの会社に勤めて自力で家を建て、人並みの生活をおくるようになりました。

末っ子の敏夫の勤務先は英国航空会社で、私たちは昭和四十五年四月十日、ハワイ旅行をしました。息子たちからお小遣いをいただいて、末の息子が道案内してくれ、主人も私も自分の名前だけは勉強して、どうやら英字でかけましたが、話す事は出来ませんので、ハワイでは息子がガイドしてくれました。

八日間のハワイ見物をして日本にかえりました。次男始め息子たちはずい分帰国まで心配していたそうです。元気でかえり、次男の家で（八王子宅）、にぎやかな歓迎会を開いてくれました。そのときのうれしさは一生忘れることは出来ません。

これで息子たちは全部一家の主となり父となりて世の中を渡ることでしょう。一人娘の登美枝もお嫁に行きました。私の家では兄弟仲良く、次男の協力で三人もの弟妹が大学を出、商人になったのは二人の息子で、実業家は一人です。

家を譲って隠居

昭和四十四年四月、家のあとをついでくれたすみれ化粧品の店主の四男がお嫁を迎えて片付きました。

幸福な日々は流れて化粧品店もますます繁盛しました。孫たちも元気で成長しました。ただ私が考えましたことは、主人が金庫をがっちりにぎっておりますので、息子は何も言いませんが、問屋の支払いなども主人が出しておるようなわけで、それは成田市へ片付いた息子の時と同じでした。

いつ息子に全部をゆずるかわかりません。息子も二人の娘の父となりましたので、一日も早く全権をゆずりたいと考えまして、次男や皆と相談の上、私が元住んで居りました所が駅前から五分位の所でしたので、そこへ家を建てることになりました。そこは売れ残った土地で百坪ばかりありました。

四十八年五月着工し、七月三十一日出来上りました。老人の住む家でしたので平屋だて洋間一つ日本間二つの家でした。お勝手は少し広く、茶の間は陽あたりよく、七月三十一日に引越し別居しました。庭も広く静かすぎるほどです。駅前の店の方は全部息子夫婦にゆずって来ました。

これで主人も金庫から離れて私とほんとうの隠居生活を始めました。家の中の家具調度品は台所の食器に至るまで全部新しく、これは次男の息子が新調し取そろえてくれました。見る品全部新しい物ばかりでした。まるで老いて新世帯のような心地でした。生活費は四男の駅前店より息子が届けてくれました。電話も引いてくれました。

庭は主人が毎日たのしそうに造っておりました。庭師をたのまずに自分で植木を買いあつめて、二ヶ月後にはどうにか庭らしくなり、毎日こつこつと庭造りにせいを出して暮していました。畑も造り毎日ヤサイも買わずにすみました。遠くはなれております息子たちも時折り帰って参ります。知人もあそびに来てくれますので、けっこうたのしい毎日をすごしました。

自動車旅行にも東京から迎えに来てつれていってくれましたし、私たち二人は旅行をたのしんでおりました。三男和三郎は車で随分遠くの方迄つれていってくれました。飛行機もハワイへ行く時と北海道旅行のとき二度乗りました。米国領まで旅行させてもらいましたので私たちはもうほんとうに満足です。引越してきた当時はちょっぴり淋しかったですが、これは私たち老人のわがままなことと主人といつも話し合っておりました。だれかが来て下さると、とてもうれしくてなりませんでした。今まで大ぜいの家族と暮して来たのですから無理ないことでした。

永別

昭和四十八年八月、別居して四年半、主人と二人静かに何事もなく平凡な毎日を過ごして来ました。主人は五十二年三月中旬頃より軽い胃病にかかり、始めはたいしたこともなく、床につく程でもなく、ぶらぶらして医者通いを致しておりました。息子たちは心配して、千葉から、また知名の病院と手をつくして診察を受けましたが思うようにはかどらず、あまり快くなりません。

最後には次男の二高時代の先輩の布施先生が佐原におりましたので、七月五日入院致しました。病気は段々と進み、息子たちの職場もかえりみず交替で介護した昼夜の看病も甲斐なく、七月三十日夕、八十三歳の天寿を全うして故人となりました。

皆の悲しみの中で告別式もすみ、息子等の職場の関係、または佐原でも明治の初代からの家柄でありましたので葬儀も殊のほか立派に野辺の送りをすませました。父の発病以来五ヶ月の心労が源《もと》で四男と私が神経性胃炎にかかり、半ヶ年医者通いしました。肉親ならでは出来ぬ並大ていのことではなかったと今更ながら子供等に感謝致しております。

孤独な日々

主人なき後は私一人で居りますので、地方に住んでいる息子たちが時折顔を見せてくれ、電話はよくかけてよこします。私の今住んでいる所は若きころの家があった土地で、駅前店に移ってからは空地としておきましたので屋敷も広く、四十八年この土地に新築し主人と住みました。

おとなりは左右とも医院で私の土地と庭つづきになっております。医院をはさんで右の方は国鉄線路で電車の汽笛がきこえるばかりで、昼夜共に自動車のかすかな音だけです。あまり静かですので、一人居りますと頭の中を冷たいシンとした風が吹き通る感じです。

主人が故人となってからはこの感が一入深く、一日も早くこの淋しいという感じからぬけ出さんとつとめています。

思えば私より一人暮しで居る老人が沢山おります。主人を早く亡くし、子供のない老母もおります。市のお世話になって暮しておる方もおります。その人々のことを思えば私などは幸せです。と思うてはいるのですが、意気地のない私は一人でいると何とも言いようのない気持ちになりがちです。

ご先祖様、故人の方々のめいふくを祈りつつ、これから先は仏の供養に勤めて残り少ない命を大切に生きる考えです。淋しいという心になりましたら、次男のすすめによる本を勉強し、少しずつ昔の思い出を書く考えです。

私の人生は幼少より少女時代と、祖父母様の健在中は何不自由なく月日を送り、とても幸せな日々でした。

ただ身体の不自由は変りありませんでした。然しながら、幼き時代よりあきらめて老齢の今となっては忘れがちです。現在はとても幸せです。これからも余生いくばくもない人生を息子たちに見守られながら静かにおくる考えです。

これにて筆止めにします。

第二部　わが家・わが町

平将門の宿――王宿の話

初代の祖父色川善助は幕末の変動期に武士を捨てて町人となりました。そして土建業と運送業を志して運よく成功しました。

そのころ出入りの使用人は近村より数多く働きにきておりました。土建業といっても今の建設会社とちがって、荒くれ者が多く、北九州地に見た沖仲仕火野葦平氏作、『花と竜』の小説に出る男共のような人足が多く、大阪相撲の流れ者、旅芸人の役者上りと、それは手につけられぬ人々でした。

その中で当時佐原村牧野《まきの》の里《さと》より小貫市兵衛という人が親子で祖父の所に馬車をもって毎日働きに来ていました。息子は政吉と言って半農を営み、初代祖父と二代の父にわたって仕えてくれました。

私が未だ幼年時代のころでした。この小貫家は平将門《たいらのまさかど》とえにしが深く、天慶年間、将門が下総に乱を起して、関東一円に新星のようにその名をはせたころ、佐原の郷牧野村の小貫家に宿をとった事がありました。のちに将門の愛妾桔梗《ききょう》は、この小貫家の娘であったといわれています。

将門は鎮護安全のため同家に稲荷大明神と、蔵王権現を建立し、この二社は今でも大切にまつられていて、土地の人々は現在でもこの家を王宿《おうじゅく》とよんでいます。今でも牧野にある観福寺の本尊聖観音菩薩は平新王将門の守本尊と伝えられています。

私は当時少女時代でしたので、この小貫家の市兵衛を『王宿の爺《じい》』と呼んでいました。未だその子孫は絶えることなく残っています。私宅も時代の変化により営業も変り、今はほとんど交流はありませんが、小貫（王宿）は色川家初代二代とよく仕えてくれた人たちだったと、父から聞いており、私もときどきなつかしく思いうかべることがあります。この王宿の話は佐原市牧野の郷土話として伝えられております。

秋祭り

私の町は佐原市といいます。市の中心を流れる小野川で二つに分れております。新宿、本宿《ほんじゅく》と二つになっております。お飾りの人形はいろいろな昔話の主人公であります。大昔から戦乱の時代に城を取ったり、取られたり、年中戦争のたえない時代だったときいており、山車《だし》の飾り物は皆其の当時の領主や英雄であったようです。飾り物の区別で私の所は仲川岸《なかかわぎし》といって神武天皇です。其の他の区では素戔鳴尊《すさのおのみこと》、建御雷命《たけみかずちのみこと》、大国主尊《おおくにぬしのみこと》、菅原道真《みちざね》、小野道風《おののとうふう》、大楠公、小楠公といいました。まだありますが忘れてしまいました。

山車は明治三十年ごろに造ったもので、下部の車だけ直して、其他は明治時代其のままの物ときいております。人々は関東の名物といっています。おはやしも佐原名物、銚子の大漁節などで、とてもにぎやかです。

人形の着付も立派で、昔の物と変りありません。私も七、八歳のころ山車を引きました。とてもたくさんの人出のため今の東京新宿通りと変りないくらいです。これを見て昔の城主たちが権力争いをしたのかと信じられない位です。大小の人々がきれいに着かざって、おはやしも優雅なものでした。これが人呼んで今でも関東名物といわれております。

色川家の本家のある仲川岸町の山車《だし》は、明治三十一年八月に新調され、その世話人は、色川善助と八木四郎助と海野伊兵衛であったことが前に紹介した箱書きから分ります。

また、それから三十年後の昭和三年十一月に、東京の湯本長太郎という人がお飾りの人形を製作したことも分ります。ちょうど今の天皇が即位した御大典記念に新しくしたようです。そのときの世話人は、代がわりして色川八十八《やそはち》(私の父)と大竹喜助と海野冨蔵の三人になっています。

利根川の大洪水

私が九歳で、まだ仲川岸(本家)にいたとき、利根川の大堤防が切れるという大水がありました。明治四十三年(一九一〇)の大洪水のことでしょうか。

あのときは私、単衣物《ひとえもの》をきていましたからまだ夏の終り、どんどん濁流が町に入ってきてしまったのです。学校は丘の上にあったので、みんなそこに避難しました。そこで学校はお休みです。

私の家は天井裏の近くまで水がふえてきました。家の中の池に板を浮べたのですが、どんどん水かさがふえて、その板敷の上を、しゃがまないと天井に頭がつかえるほどでした。

買物にゆくのもみんな小舟です。町中が海でした。今の郵便局のへんまで小舟で行けました。駅は水没しています。そんな状態ですから、炊事はどこか他で炊出しをして、おにぎりを運んでいました。

そのころ、家には若い衆がたくさんいたので、倉庫から米をかつぎだし、諏訪神社の山の下で炊飯して、おにぎりをたくさんつくり、仲川岸の町内に三度三度くばったそうです。そのお米は祖父（善助）が倉庫の中に三百俵位いれておいたもので、その半分が水に濡れてしまったと聞きました。それから恐ろしかったのは、利根川の上流から、家や年寄りが流れてきたことです。沢山の死人が出ました。

水が引いてから、祖父は県庁から表彰され、記念品をもらったようです。

相撲好き——梅が谷の祝福

善助おじいさんの全盛時代には、勧進元《かんじんもと》になって、よく相撲をよんでいました。横綱梅が谷と常陸山《ひたちやま》の時代でした。祖父にはひいきの相撲もいて、大潮《おおしお》といいます。銚子の出の大関なので、祖父は場所ごとに、まわしから着物まで作ってやっていました。

私がこの横綱たちの名をよくおぼえているのは、五つのとき、丈夫に育つようにと梅が谷に土俵の上で胴揚げされたことがあるからです。土俵は駅前の広場につくられました。

相撲好きは親譲りで、私の父の代にもひきつがれました。父八十八は男女の川《みなのがわ》がお気に入りで、一行をよく佐原に招《よ》んでいました。興行師とはどんな話になっていたのかは知りませんが、鴨居にとどくような大男が家に挨拶にきて子供たちを驚かしていたのをおぼえています。

その父は若いころ米俵を何俵も持ちあげたと自慢していましたが、晩年はリューマチで苦しんでいました。その痛みを和らげるために、孫たちに腰をもましたり足首を踏ませたりしていました。父は薬で胃を悪くし、それが元で死にましたが、浄国寺で盛大な葬式をやったものです。

佐原の浄国寺は由緒のある日蓮宗の古い寺で、祖父や父が檀家総代などをしていた関係で、色川家の墓地は本堂の正面のよい場所にあります。御上人は今の小島一仁《かずひと》先生のお父さんでした。

中国人ターさんのこと

どういう文字を書くのか、よく分りませんが、ターさんという中国人がわが家にはよく来ていました。呉服商で、反物を売りあるく行商人でした。

店先の畳に反物をいっぱいひろげて、なまりのある上手な日本語でニコニコ笑いながら、「コレ、イイ品ヨ」などと言っていました。ターさんはパンを作るのが上手で、ふかふかパンなどいろいろ子供たちに持ってきてくれるので親しくしていました。

そのターさんが佐原の牢屋に入れられたことがあります。朝鮮人が暴れたといって、みんな警察に連れてゆかれたとき、ターさんも第三国人だというので牢屋に入れられてしまったそうです。

ちょうど長男の善助が生れたころです（大正十二年）。大地震が起って、ずい分、罪のない朝鮮人が殺されたのです。そのとき主人（新助）が千葉まで金を下げに行ったのですが、汽車が佐倉までしか行かず、その先を歩いて千葉に入ろうとして、「おまえ、朝鮮人ではないか」と訊問され、あやうく警察に連行されるところだったそうです。

ターさんはその後も駅前の方の家に反物をかついでよく来ました。温厚な優しい人で、子供たちからも好かれていました。そのうち満州事変や支那事変がはじまり、ターさんは辛かったようです。中国人ですから、スパイなんかじゃないのに戦争のために「スパイ」のようにいわれ、警察にひっぱられたのでしょうか、そのうちに姿を消してしまいました。ほんとうにいい人でしたのに。

〝成東の伯父さん〟

〝成東の伯父さん〟と呼んでいた豪気な人がおりました。本名は色川佐太郎《さたろう》。祖父善助の長男なのに、花札が好きで、喧嘩や口論がめっぽう強く、ヤクザの親分みたいなことをして、家業に励みませんでした。そこで祖父がこの伯父を勘当みたいにしていたのでしょう。

ある時、どんな話のもつれかは知りませんが、佐太郎伯父が突然怒りだし、「おやじを殺してやる」といって騒ぎ、祖父に刃物をふりあげました。弟の私の父が背後からおさえつけたので大事にいたりませんでしたが、「そんなことをしたら、自分だって生きちゃいられないんだぞ」と父は叫んだそうです。

これがもとで兄弟の争いにもなり、伯父は「もう、俺はここにはいられない」といって佐原を出て行きました。そして、たまたま山武郡の成東《なるとう》の町なかに、ばかに安い、良い地所があったので、それを買って住みついたのです。そこで伯父は決心してヤクザの稼業から足を洗い、堅い旅館の経営をはじめました。旅館の名に「改良館」とつけたのは、改心の気持であったのかもしれません。

敷地が広くて、庭にはプールほどもある大きな池がありました。その後、旅館は伯母にまかせ、自分は土建一本に打ちこみました。親分肌の人でしたから事業はどんどん拡張していったようです。

昭和十年のことです。旧暦の二月一日に私の父や叔父たちが皆を呼んで、仲直りをしよう、兄弟一同久々に集まろうと相談して、私を成東に迎えにやりました。私が汽車で成東に着き、改良館に泊ったその日、伯父は機嫌よく、「明日は佐原へ行くのだから」と喜んでいたのに、突然、入浴中に「お丶気持が悪い」といって倒れ、そのまま亡くなりました。心臓発作だったように思います。

遺体はすぐ佐原に移され、浄国寺で葬儀が行われました。行年六十六歳だったのです。

さて、この佐太郎伯父さんの子供好きは格別でした。毎年夏休みには親戚中の子供を旅館に集めて、花火大会をやったり、水泳競技をやったり、九十九里の海岸に多勢つれていって自分が総大将になって運動会を開いたり、それはそれは童心に返って楽しんでいました。隣りに病院があり、そこの子らも呼んでいっしょに寝とまりさせていました。伯父は伯母との間に子供がなかったので、不憫だったのでしょう。この伯父が亡くなってから改良館は火が消えたようになりました。

親子旅

昭和三十五年三月、伊豆方面に五泊六日の旅行を次男大吉の招待で親子三人旅を致しました。伊豆伊東、箱根、天城山の宿に一泊致しました。頂上の絶景、山々の間を流れる川も美しく、修善寺へ参り源頼家《よりいえ》公のお墓を参拝しました。種々と次男より話してもらい、実にたのしかったです。父の喜びもひとしおでした。

昭和四十一年四月、南伊豆へ私たちと六男の家族五人で三泊四日の旅行をしました。

昭和四十一年六月十日、六男は父と二人で福島方面へ旅行しました。私は行きませんでした。

昭和四十四年九月、私が胃を病みまして入院四ヶ月、退院して息子の勧めで主人と那須温泉に六日程行きました。帰京して息子たちの所で十日ばかり遊んで家に帰って参りました。身体もすっかりよくなりました。

昭和四十五年五月十日、ハワイへ五泊六日の旅行を致しました。これも息子たちが費用全部出してくれ、手続もみなしてくれました。私たちも海外旅行は初めてのことで、十日前より自分たちの名を英文で習いましたので、どうにか英語で書くことはできました。末の子が英国航空会社の海外課に勤務しておりましたので、ガイドは息子にしてもらい親子三人の旅でした。

ハワイは土地も空気もすごくきれいでした。二食は洋食でしたが夜はふる里というホテルで日本食でありました。女性の人たちもみんな日本人で和服姿でした。とてもなつかしかったです。帰国するのが辛く、もう少しいたいと思いました。話は息子がしてくれましたし、二世の日本人の人も沢山いました。もう一度行きたいと思います。

帰国して次男の八王子宅で息子たち多勢でいろいろたのしく話し合いました。帰国までは何せ老齢のこととて皆心配してくれていたそうですが、元気の姿を見て安心したとのことでした。ほんとうに子供たちの心づかいにはありがたいと主人と感謝致しております。

昭和四十六年六月、五泊六日で北海道へ嫁と私と二人で団体旅行をし、二度目にまた飛行機に乗りました。ひろびろとした北海道は静かでした。大雪山は六月中旬でしたのに雪にすっぽり包まれて、とても美しかったです。アイヌの酋長と一緒に写真を撮りました。アイヌの服をかりてとてもきれいでした。夜になると寒くて外出はできませんでした。

昭和四十七年四月十日、世は桜の季節でした。次男の招待にて親子三人で四泊五日の関西旅行にゆきました。父七十七歳でした。関西は初めてのこととて、とても珍らしかったです

金閣寺、銀閣寺はすばらしい美しい寺でした。雨に降られてしまいました。夜になりて雨も止み、明けて大阪城、二条城と見物し、奈良へ向いました。お寺が沢山あり参拝致しました。陽もくれかかってきたので、春日山の山奥のホテルに泊まりました。とても静かな宿で、息子はこんな所で本を書けたらいいなぁといっていました。秋の紅葉のころには美しい宿と思うほどでした。

姫路城の城内を息子から説明してもらいました。城外へ出ると父の姿が見当らず、息子は終りの時間なのに再び城内に入って父をさがしましたが居りません。ところが待合所の人に聞きますと下におりたというのです。城外の荷物をたのんだ茶店に待っていましたので、私たちはホッと致しました。

翌日姫路をあとに市内を見学して帰途につきました。

昭和四十七年十一月七日、一泊二日で三男の和三郎夫婦と私たち四人で木曽路の紅葉めぐりに行きました。全山左右真赤な紅葉で火のようでありました。木曽川の舟下りも清く、実に絵にかいたような山々でした。恵那峡のガラス船へ乗って下の川を見た時、四方は紅葉で包まれ、中を青い水の川が流れて言葉にはいえぬ絶景でした。

明治村へ行き、昔の古い建物を見、明治天皇の御召列車も拝見し、かずかずの珍らしい建物を見物し、昔のおもかげを偲びました。明治村のじまんの五平もちも美味でした。昔造りの油屋の茶店にて一杯三百円の練茶を出されましたが、苦くて私はいただけませんでした。父はおいしいと言って、二杯ものみました。自

動車旅行でしたので四方の山々や町を見ながら東京へかえりました。

昭和四十九年六月二日、又も三男夫婦につれられて四人で長野県善光寺参りに行きました。寺園も広く実に神々しいお寺でした。参拝者も多くて大変なにぎわいでした。私たちはお香をたいてきました。帰途リンゴ狩りをして、もぎたてのリンゴを沢山買ってかえりました。

昭和四十九年六月、駅前店のすみれ化粧品店で店員の慰安旅行に息子夫婦孫二人、計十人で房州へ一泊旅行をしました。私たちは房州はこれが二度目でした。主人と共に旅行致しましたのはこれが最後でありました。

主人が亡くなったあとは、息子たちが代る代るつれだして慰めてくれましたが、昭和五十三年五月、七男の正道一家と五人で三重県の長島温泉に遊び、サニーランドや熱帯植物園をまわり、新緑の時節を楽しみました。

思い出も深き数々の親子旅でした。これで終りを告げます。息子たちに深くかんしゃしつつ閉じます。

（色川徳子『人生茫々』完）

切れぎれのわたしの自分史――『人生茫々』に寄せて

わが腕白時代

私の生家が国鉄（ＪＲ）総武線の田舎駅から四軒目だったため、私は通称「停車場の大ちゃん」とよばれた。いまでも故郷へ帰るとそうよばれることがある。家は木造二階屋だったので、汽車の着くたびにわが家はまるで地震のように揺れた。「停車場の大ちゃん」は幼稚園に三年近くもいたため、早くから人ずれがし、小学校に入っても喧嘩の度胸がよかった。戦法は相手より一瞬速く手を出し、顔をひっかくか、下駄でぶっ叩くかすること、敵が泣きだしたらサッと逃げることであった。とにかく先制攻撃、即戦即決が秘訣であった。

私たち男の子は、なにしろ小学校の時代から十五年戦争に入ったのだから、戦争ゴッコはたんのうした。刀と鉄砲（火を噴き音を出す）を竹でこしらえ、二隊に分かれて利根の河原でよく遭遇戦を演じた。ただし、中学に入って教練を正課にされたとたんに、その興味は霧散した。

水郷佐原は利根川の畔りで、笹川の繁蔵《しげぞう》や飯岡《いいおか》の助五郎など『天保水滸伝《すいこでん》』の本場だっただけに、子供の世界にも侠と粋を尊ぶ美意識が色濃く残っており、チャンバラは本物さながらであった。子供たちは活動写真（映画）にならって縄張りをつくり、決闘をくりかえし、生傷が絶えなかった。私も右肩の骨折をやって半月近くも十六島の骨つぎ医者のもとにポンポン船で通ったことがあった。

近所に廃屋が一軒あり、そこが悪童たちの巣になっていた。見るだに恐ろしい赤や黄色の毛虫をたくさん集めて金網にいれ、そこにいっしょに入る毛虫ゴッコもやれば、枝から枝へ飛ぶサーカスゴッコもやり、将棋や怪談に熱中したりもした。また、そこで密かに作戦をねり、日本通運の倉庫に潜入してビスケットの罐を盗んできたり、町中の自転車のハンドルから鈴を収集してきたりした。その鈴が五〇個近くになったとき、母が見つけて驚き、私をつれて一軒々々、あやまって返して回ったことがあった。

関東平野の広々とした野原はまた少年の別天地であった。水のぬるみはじめた春には笹舟を漕ぎだして利根の本流に乗り出したり、流し釣りをしたりして川遊びに興じた。菜の花の咲き乱れた野の道をどこまでも駆けたこともある。夏には西瓜割りの水泳大会をやり、試胆会をやり、夏祭りの夜明かしをした。秋には騎馬戦、棒倒し、かくれんぼ、ベースボール、冬には竹馬くらべ、タコあげ、雪合戦、野焼き、陣とり競技と、遊びの種類に事欠かなかった。

夏の夕暮れどき、水田地帯を流れる藻の多い川の堤で、神秘的な神やんま（真っ黒な羽、真っ黒な胴に白か金色の日の丸のような紋様のついているとんぼで、子供たちの間では神の使いとして貴重がられていた）を追った時の畏怖感は、いまでも五体を貫く電流のような痛覚として残っている。

中学生になったころからはしだいに群れを離れ、孤独になり、丸沼や切り堀で釣糸を垂れることが多くなった。あかね雲が水面いっぱいにひろがり、鮒《ふな》の鱗《うろこ》がキラキラと光るのが感傷を深めた。そのうち分らぬながら倉田百三《くらたひゃくぞう》の『出家とその弟子』や『愛と認識との出発』を読みかじり、もう一つ別の新しい世界が少年の世界の向こうにひろがっているのを予感した。それはほろ苦く、甘美な、青春の悲傷味であったろう。だが、その時、すでに大戦争がはじまろうとしていたのである。

土浦海軍航空隊

一九四四年（昭和一九年）九月、いよいよ入隊の日がきた。

私の町は香取、鹿島の両神宮や成田山にも近いので、型通りそれらに参詣した。そのとき、私を感動させたのは母の行動であった。ふだんは走ったことなどない小児麻痺性の母が、あの成田山の大本堂の回り廊下を、はだしでお百度、ほとんど狂気のように走り回った姿であった。そのとき、母といっしょに走った何十人もの婦人たちにも生還を願う身近な人がいたのであろう。おそらくそういう婦人のうちの一人が思いあまって、自分たちの代表あてに投書したものだろうか。たどたどしい文面の中に、子を想う真情と平和への願望がこめられている。

「会長様、日本の国では米英を侮ってはなれ小島へ兵隊や軍属をやってアメリカを空襲しようと思って反対に皆殺しされる。輸送船は次から次と沈められ其の損害は何程でせう。本国では空襲が有と言って防空訓練をして国民を恐しがらして女や子供は何の仕事も手につかず、其の上一ばん力になる子供は一枚の赤紙で御めしになって、死んで来たか生きて来たかわからない様な所へ、かよわい妻や子供をうちすてて行く兵隊の

事も御かんがへ下さりませ。……」（一九四四年六月、静岡、国防婦人会長宛投書。ほかに同種五件）

それともう一つ忘れがたいのは、たまたま私の町に学童疎開で来ていた東京の下町の国民学校の小さな女の子たちが、佐原駅の広場に私の見送りのために駆りだされてきて、蚊の泣くような小さな声で「予科練の歌」をうたってくれたことである。

私はその間中、その子たちの一人ひとりの顔を眺めていた。かわいい子、淋しそうな子、喜びも悲しみも打忘れてしまったような子（おそらくひどく空しく、また空腹だったのであろう）生気の失せた数十の眸がそこにあった。これは私が復員してから聞いた話だが、彼女たちはそれから半年も経たないうちに、つぎの疎開先の日立に移され、アメリカ機動部隊の艦砲射撃をうけて殺されてしまったというのである。こんなときほど戦争の非情を痛切に感じたことはない。いまでも「学童疎開」ときくと、あの飢えた、大人びた、幸薄《さちうす》い少女たちの顔が浮んでくる。

予科練の碑

土浦海軍航空隊では翌年の三月まで、親友の青村真明らともいっしょだったが、私は兵科に編入されたため寒い射爆講堂に寝起きしていた。寝具はふつうの藁を布袋につめ、自分で縫い合わせたもので、その袋に蓑虫のようにもぐりこんで眠る。その寒さと飢えがいちばんこたえたが、分隊士官たちによる〝猛訓〟もなかなか凄まじく、しばしば顔の形が変るほど揉られたのである。

命の重さ

私はこの夏、父を亡くした。胃ガンの末期で苦しみあえいでいる父をみて、私もはじめて身近に安楽死のことを考えた。自分が父の立場におかれたら、必ず死なせてくれと望んだろう。だが、私の尊敬する医師はそれを許さなかった。麻薬の注射を一本打つごとに確実に消えてゆく父の命をみつめながら、なおも延命をはかろうとする処置に、助けるのも残酷、死なすのも残酷という感を抱いた。

瀕死の父の懇望にもかかわらず医師は麻薬を使いたがらなかった。父や家族は〝安らかな眠り〟を望んでいる。しかし、医師は良心が許さぬという。頑丈だった父の体が骨と皮のミイラ状に変わり、目が光を失い、呼吸も三〇秒ごとに停止するという限界状況に達してもなお、脈は確実に打ちつづけ、生きることを求めていた。それを終わらせようとする意思は、いかなる人の善意に発していようと〝良心〟の苦痛をまぬがれない。私は一人の人間の最後をみとっていて、その生命の激しい劇的緊張に感動し、涙をおさえかねた。

一人の人間の命を救うために幾十人もの人が自己を犠牲にして走り回る姿も見た。私の弟たちは丸山《まるやま》ワクチンを手に入れるため何度も早朝から行列の中にならび、母や妹や別の弟妹たちは冷房もない暗い暑い狭い病室に何日も泊まりこんだ。確実に死ぬ病人であることがわかりながら、最後まで看護に献身するその行為に人間の矛盾した感情があらわれていた。

父は死のまぎわに心音が乱れ、三分間ほど呼吸を止めた。そして最後に一息、大きく息をひきこんでこの世から去っていった。日本語の「息を引き取る」という言葉通りであった。私と弟はまだ温かい父の死体を二つに折って、抱いて車に乗せ家につれ帰った。家に帰ってから母の指図で父を白装束に変えた後の、通夜の行事から葬儀の一切は、もう私たちの手を離れた。

私の町は小さな市場《いちば》町である。江戸時代以来の町衆の自治の伝統が生きており、葬儀の一切の執行は、その〝町内〟という一七、八軒の共同体の手に委されていた。かけつけてきた数十人の血縁者たちも、父や私たちの職縁でつながる人びとも友人たちも、それぞれの共同体を持ってはいるが、すべて〝町内の働き衆〟の指示の下に統御され、従わなければならなかった。三日三晩、戦争のようなあわただしい儀式や〝清め〟の宴がつづけられた。その間、私は生きている共同体の力に驚嘆させられるとともに、一人の人間の存在の重さに改めて目をひらかれる思いをした。

暑い夏であった。そして、嵐が去って、残されたものの悲しみの季節が来ていた。

色川党のこと

忘れもしない一九四三年（昭和一八年）の秋のこと。私が東京大学文学部の国史学科に入学したころ、主任教授の平泉澄氏から呼びだされた。

「君は自分の先祖がなにをしたか知っているか」「図書館にある色川文書を調べたまえ」と。

今から考えると平泉教授は、私に君の先祖は南朝の忠臣であったぞと教えて、尊皇精神をよびおこし、朱光会（彼が主宰していた極右の天皇主義団体）に導こうとしたのかもしれない。しかし、高校時代に山岳部でリベラリズムの洗礼を受けていた私を見て、諦めたのか、二度と話しかけられることはなかった。

私が中世の色川党に関心を持ったのは、じつはその時からであった。そして、もし「学徒出陣」などということがなく、私が国史の研究室で南北朝時代の勉強に深入りなどしていたら、『南山踏雲録』（日本浪漫派の保田與重郎の著書）などが出版され歓迎されていた時代だったから、私のその後の人生も変っていたかもしれない。

さいわいなことに平泉澄氏への反発から南北朝に手を染めることもなく、奈良時代の壬申《じんしん》の乱《らん》（天皇一族の血を血で洗う争い）の研究などに関心を向けていたため、先祖がらみの勤王思想に捉われることなく、主任教授の演習（ゼミ）も放棄し、履修単位ゼロのまま海軍航空隊に入隊してしまうことになる。神風特攻隊がフィリピン沖などに出始めていたころである。


「色川」という姓はおかしな姓で、成人するにつれてこの名前のために幾度も悩まされた。「色川《いろかわ》」なんて、いったいどこの誰がつけたのか。なぜ「色川」なのか。初代は何者なのか。歴史家として疑問をもつ限り、調べなくてはならない課題であろうが、なぜか鬱陶しくて私は長い間放置してきた。多分、皇国史観へのアレルギーが私を中世の勤王家色川党から遠ざけていたのであろう。

ただ、幕末・維新のときに土浦の色川三中《さんちゅう》（一八〇二〜一八五五）や色川御蔭《おかげ》（一八一五〜一八七三）が草莽として活躍したことや、自由民権運動にその子の三郎兵衛が参画して名を成したことは私の専門領域だから知っていた。しかし、それ以上のことへの究明の意欲は湧いてこなかった。要するに私にとって「先祖」なんかどうでもよかったのである。

ところが今から一七、八年前のこと、和歌山県那智勝浦町大野の田中田二（少雪）という方から突然「色川姓」についての問い合わせがあり、しばらくして「色川一族の研究」といってもよい、ガリ版刷の小冊子『平家につながる色川と色川姓』が送られてきた。著者は明治二九年生まれ、当年（昭和四三年）七一歳の郷土史家で、中学校の先生を長く勤めた方らしい。とにかく内容を一覧して敬服した。色川に関する古文書類の解説から現在の色川姓の全国分布の調査結果までが記載されていたからである。

これによって色川姓が全国に一六〇世帯以上あり、とくに茨城県土浦、水戸、石岡の各市と北相馬郡藤白町、千葉県の佐原、松戸、千葉などの各市と宮城県の石巻市に多いことを知った。東京にも二、三〇世帯はいるらしい。古文書の調査については、田中少雪さんは別に『色川の昔を語る――古文書を調べて』という小冊子を作成されていた。

私は戦前使用していた日本地図帳に「色川町」という地名があるのを知っていた。熊野灘の漁港太地《たいち》と那智勝浦の裏手の山の中、那智の滝のそばである。残念なことにその後色川町は那智勝浦に合併されてしまったが、今も色川神社や色川郵便局などが残っているらしく、ぜひ一度そこを訪ねたいと思っていた。そう田中さんにも書き送った。ところが、私が旅立つまえに田中さんの方が先に逝ってしまわれた。残念なことをしたと今、後悔している。

最近、小説家の色川武大《たけひろ》さんと対談する機会があって、聞いてみたら、武大さんの父君は色川武夫氏（色川御蔭の孫に当る）で、先祖の歴史をかなり深く研究した草稿類を残したらしい。それらの遺稿はいずれ武大さんが大河小説に仕立ててくれると思うが、私も母の本を出す機会に、色川一族の歴史のあらましを抄記しておきたいと思う。

もともと「色川」というのは地名であって人の姓ではない。今の大野部落の上流に鉱山があり、酸化物のまじった赤い川が流れていた。「色川《いろがわ》」である。また、今の色川神社の近くは昔は両岸が迫っていたので、渓流が岩盤に穴をあけ、そのうつろを潜って水が流れていた。つまり、うつろ、「うろ川」がなまって「いろ川」になったという。田中少雪さんは「うろ川」説である。

「那智より五里ほど奥に色川と申す山村有之候《これありそうろう》、此所に平惟盛《これもり》の末葉居り申し候。文書等所持申したる由承り申候故、色川へ参り仕るべくと申候へば、新宮の留守居衆申候事は『殊の外、嶮阻な処にて、却々下人共も迷惑仕候間、色川庄屋に右の文書持参、路地迄罷出《まかりで》候様可仕《つかまつるべし》』とて、則ち色川庄屋、文書を携え来り申候」。

これは貞享二年（一六八五年）、『大日本史』編さんのため古文書を収集すべく全国を行脚していた佐々宗淳（介三郎）が水戸光圀に報告した手紙の一節である。この佐々介三郎《すけさぶろう》こそ、後の『水戸黄門記』の助さんのモデルにされた人物だが、なかなかの学者（儒臣）で、水戸の彰考館総裁となり、修史事業を推進した功労者であった。その佐々が「色川殿は『南朝へ軍忠有之《これあり》』と相見え候て、後醍醐、後村上両朝の綸旨《りんじ》有之……文書は確かなるものにて候」と添え書きしている。

この時、「色川庄屋、物語り申候は、惟盛《これもり》の事、世間には入水と申し伝えて、実は其身は色川の奥、藤綱要害と申すに匿《かく》れ居《お》り申候。一生平家にて、子孫相続き候由、申伝候。惟盛の墓は色川村に有之、大桧一本有之候」とあるが、この色川庄屋とは惟盛二一世の平盛成《もりしげ》、通称清水覚太夫であったと思われる。彼は元禄一三年（一七〇〇年）に、「盛成譲伝状」という色川一族の故事来歴と子孫への遺訓を格調高い文章で書き残した。

平惟盛と色川郷のことは『紀伊続風土記』にも出てくるが、応永二一年（一四一四年）の「色川清水家由緒書」の方が直接的である。

「由緒書」によると、三位中将平惟盛は源氏との合戦に敗れ、讃岐の八島に落ちていたが、ひそかに脱出し、熊野三山に参り、熊野の海に入水すると見せかけ、実は太地の浦に渡り、色川郷に逃れ、その一族の助けによって奥山の要害藤綱に三年間隠れ、その後、大野村に館を建て、土地の娘を召して子を産み、鳴滝の清水に七夜のみそぎをして再起を誓ったことから姓を「清水」と改めたという。

色川清水党は平氏の將の旗じるしを子孫に伝え、南北朝戦乱の時代には南朝に味方した。時の棟梁色川左兵衛尉《さひょうえのじょう》盛氏《いもりうじ》は延元元年（建武三年、一三三六年）、一族郎党を率いて那智から新宮《しんぐう》に出撃し、足利勢を塩崎に追って散々に打ち破った。その軍功により後醍醐天皇の綸旨《りんじ》を受け、さらに盛氏の子盛忠は兵衛太夫に補せられた。

この折の綸旨や令旨、盛氏からの注進状は、今なお色川郷の宝物として神社に保存されている。『大日本史』巻七一、本記にもこの記載がある。その出典は「紀伊国牟婁《むろ》郡色川村色川氏蔵文書」と題して水戸の彰考館にあるという。

さらに『熊野年代記』には、百余人の武装した「色川衆」が応永年間以降の戦国時代に南紀一帯を荒れ回り、しばしば諸衆と合戦し、那智山一二社の社坊悉く焼失させたりしたことが記されている。まさに都人のいう「悪党」ぶりを示している。そのため、天正年間太閤検地の折には、色川清水氏の所領は、色川村初め二四ヶ村、七二四石に増加している。

しかし、豊臣家が亡び、徳川の時代となり、浅野幸長（次いで徳川頼宣）が紀伊の藩主となるに及んで、これらの領地は没収され、わずかに清水家の私有地を残すだけとなる。

色川七ヶ村（口色川《くちいろかわ》、大野、平野、小阪、田垣内、中ノ川、坂足）の庄屋に留まったのである。

その後の紀州の色川はパッとしない。元禄六年には台風で色川、田垣内で一三人が死んでいる。文化九年二月、色川で白猪が捕獲される。天保九年、色川雲取長谷にて常州河内郡八代村七郎兵衛が討たれている。弘化三年、色川に大洪水が襲い、人家流出、人多く死す。明治元年、口色川、仲右衛門、自宅で狼を打殺す等々。「熊野年代記」などの記述から拾うと、冴えないことばかり多い。

ところが、南北朝戦乱期から徳川初期にかけて、常陸（茨城）地方に移住していた色川衆は、幕末、維新の動乱の中で頭角をあらわしてきた。その代表格が土浦で醸造業を営んでいた色川三中《さんちゅう》（一八〇二～一八五五）であろう。江戸城西の丸に納品するほど事業に成功しただけでなく、本草学者として、また、国史・古典の研究家として尊敬された。その蔵書一万余冊、『新編常陸国誌』の修正・補訂。鹿島神社への桜樹千本の献上、勤王の志士佐久良東雄《さくらあづまお》との交友など注目されている。

その末弟色川御蔭（一八一五～一八七三）は、国学者らとの交際が広く、歌をよくした上に蘭学の知識も持っていた。嘉永六年（一八五三年）ペリー艦隊が羽田沖に進入してきたとき、江戸湾の防衛のため急遽品川の御台場に砲台が築かれるが、その砲台設計の監督をしたのが彼であったという。また、御蔭《おかげ》が著述した『通貨新論』『富国新論』『正術私策』などの経済書も見落すことはできない。彼は筑波山のお蔭で育ったという所から自分の名をつけている。

土浦色川家は五代前から三郎兵衛を襲名していたが、明治の色川三郎兵衛は逸材で、自由民権運動に参加し、改進党に所属して第一回の衆議院議員に当選している。彼は文明開化を大胆にとりいれた事業家で、利根川水運の会社を設立して蒸気船を走らせたり、常磐線を誘致して地域経済に波乱を起したりしている。この他にも、北畠親房の軍に従って磐城から陸奥にかけて散開し、その後定住した各地色川の一族にも異才があらわれたであろうが、今のところ、私には分っていない。

この稿の終りに、今から二八五年前の元禄一三年（一七〇〇年）八月一五日に、紀州の色川党の棟梁「清水覚太夫平盛成《もりしげ》」が、子孫にあたえた遺訓を紹介してペンを擱こう。

「我が家《わや》先祖は日本四氏の一家、誰にか劣るべきや。民間に下ること何れの氏とも差別なし。浮沈は世の習、先祖の名跡を心意に挟み、縦《たと》い其身は士農工商法師ともなれ、名を汚すこと仮にも有る可らず……わが一生の願い、本家を立て子孫繁昌の願より他に無し。」

母の手記『人生茫々』のこと

わが家は兄弟が多勢だったから、母と二人だけで写真を撮るなどということはめったにない。ところが私

母とわたし、小学５年生のころ

には二枚だけある。一枚は私が第二高等学校の生徒で、仙台から夏休みで帰郷したとき、母にいわれて写真館に行って撮ったものだ。私は書生っぽい筒袖のかすりを着て袴をはいていた。一九四二年（昭和一七年）ごろであろう。

二枚目は、今から五〇年も前のもの。母三五歳。私小学五年生で、二・二六事件のあった一九三六年（昭和一一年）の秋ごろと思われる。よく見ると私は素足にゴムの短靴をはき、いつでも水の中や泥田に入れるような恰好をしている。腕白時代の終わりごろであろう。

母は少し太ったように撮れている。妹の登美枝が入っていたのかもしれない。私がはっきりおぼえているのは、遊びに出ようとしていた矢先につかまって、これから写真館にゆくから服を着てこいといわれたこと、気はずかしさを感じながら諏訪山下の松田写真館に行ったのである。なぜこのとき母が私一人をつれて、ふだん着のまま写真館に行ったのかは知らないが、大人の世界の何か特別の事情があったのであろう。とにかく私は家に帰るや上着をぬぎ捨て、逃げるように遊びに走って出た。

一九三六年といえば、まだ中国との全面戦争は始まっていない。軍部の横暴が二・二六の軍事クーデターをひき起し、その結果、一時は「粛軍」が叫ばれながらも、結局は統制派軍部にひきずられて中国大陸への侵略行動に向かっていった。欧州では第二次世界大戦への導火線となったスペイン内戦が始まっていたのだが、一般の日本国民は今と同じように、迫りくる危機に無関心で、眼前の猟奇殺人事件（阿部《あべ》定《さだ》事件）などに目を奪われていた。

二枚目の写真は、それから六年後、一九四二年夏である。

母がたいそう若く撮れているが、なぜかは分らない。小ざっぱりした服装も明るい表情も「大東亜戦争」下とは思えないほどだが、これは米英に対して緒戦で勝ちに勝って日本国民が有頂天になっていたときだからであろうか。じつはこの夏、ミッドウェー沖海戦で日本は大敗し、南太平洋の地上戦でも米軍の総反攻がはじまっていたのだが、大本営報道部はこれを伝えず、国民は幻想に酔いしれていた。

その翌年からの敗走は急速で、「大日本帝国の落日」はつるべ落としの勢いであった。私はその一九四三年に高校の修了年限を半年短縮され、十月には大学に進学させられた。そして入学したとたん、「学徒出陣」の待機命令を受けたのである。

二高生で袴すがたの私と母

わが家の運命も急転直下した。曾祖父善助の代から営々ときずきあげてきた土建業は停止させられ、わが家の虎の子のフォード・トラックも軍に徴用され、運送業自体も国策会社日本通運に合併を余儀なくされるにいたった。

母にとって戦争の苛烈化は生まれて初めて体験する苦悩の連続であったろう。長男善助は佐倉の陸軍歩兵第五七連隊に徴兵され（中国戦線に送られようとし）、次男の私は土浦の海軍航空隊へ、三男和三郎は上海の同文書院へ渡航の途中、満洲で日本軍の敗走にまきこまれ、生死不明の情況であった。

その上、家には小学生の新治郎、秀男、博、まだ幼児の登美枝と正道、敏夫の六人を抱えて、食糧はもちろん、子供たちの身の安全を守らなければならなかった。そのころの必死に生きる母の姿は、第一部の手記にあきらかで、何度よみかえしても胸を打たれる。

とくに入営中、病気をした兄善助が陸軍の内務班で苦労することをなんとか和らげようと、片腕の全く利かない母が寒中に銚子の漁港まで魚の買出しにゆき、その一つの荷を首に、もう一つの荷を片腕にぶらさげて、佐倉の連隊まで運んだくだりは、善助が生きていたら涙なしには読めないであろう。そんなに苦労して運んだ鮮魚類は、ほとんど兄の口には入らず、上官に横どりされたか献上したのだが、そのおかげで兄は上官から目をかけられ、救われたのだと母は信じている。

「総力戦」としての太平洋戦争はすべての日本国民に例外なしに襲ったわざわいであり、悪夢であった。この影響を受けなかったものはいないといえよう。ごく少数の悪党をのぞいては。大多数の国民は家を焼かれ、家業を失ない、家族の誰かを死なし、また戦後、病いに苦しみ、それらの痛手から立直るのに長い歳月を要したのである。

戦後の母の二〇年は、その苦難を物語っている。

次々と病気にかかる子供たちを母は必死になって看病し、完治させ、そして励まして社会に送りだした。

父が新規の事業に失敗し、主要な財産を失ない、身を退いてしまってからというもの、まだ何人もの学齢児を抱えていた母は、代って新しい営業をはじめ、家族の生計を支えた。よく愚痴をこぼしながらも、その困難に耐えぬいたのは、母の子供たちに対する大きな愛の力であろう。

お嬢さん育ちで、本来ならわがままに生きられるはずの母が、自分の夢や希望を養父母（実祖父母）の死によって失ない、その後はひたすら家業のため、子供のために耐える人生を生きたことを、私たちはこの母の書物から重く受けとめる。それは母一人の問題をこえて、戦前の日本女性が負った苛酷で非合理な情況だったからである。

とりわけ不自由な体で、八人の子を育てあげ（女子の一人は幼時に病死）、大戦争と敗戦後の復興の時代を生きぬいた母の、その厖大な忍耐と自己犠牲のエネルギーを私たちは何と評価してよいか。母たちの自分史には書かれたことがらの他に、その数倍、十数倍もの書かれなかった悲しみや喜びがあるのが普通である。

私の母が、自分より先に逝った長男のことを全く書こうとしなかったことに深い慟哭を見る。その他、母には産みの実母や父や、あえて触れなかった夫や子供たちに対してどれだけ複雑な書き得ない思いがあったであろう。

今、ここに刊行される一冊の小さな本は、その厖大な人生という氷山の、水面上にあらわれたほんの一部分にすぎない。大半の人生の大事な部分は冷たい海面下に沈んでいるのである。書名の『人生茫々』というのは、その含まれなかった領域までを意味している。

（一九八五・一一・七）

あとがき

この本では五〇人の友人・先輩・同僚たちをとりあげている。有名人もいれば有名でない人もいる。しかも、一人をのぞいてすべて故人である。その意味では前著『追憶のひとびと』（街から舎、二〇一二年）の延長上にある。

しかし、決定的に違うのは、こんどはその一人々々を歴史家として短文ながら客観的に位置づけしての生涯を要約しながら、わたしとのかかわりを描いた点である。

ここには功成り名を遂げた人もいれば、若くして逝った惜しまれる人もいる。目次を見てもらえれば分るが、それぞれの分野で重要な役割を果たした人でも、原太郎、内田巌、青村真明、江村栄一、磯貝静江、竹村和子、佐藤真のように忘れられかけている人もいる。

また、よく知られている、いわゆる有名人――山田五十鈴、美空ひばり、小沢昭一、木下順二、山本安英、井上ひさし、大島渚、佐藤忠良、原田正純、宇井純、植村直己、安岡章太郎、辻邦生、鈴木武樹ら故人を、なぜ、わたしがとりあげたか、本文を読んでいただければお分かりになるであろう。

「書きあげてみると、これらの人たちの翳に、ぼんやりと浮かびあがってくる幻灯のような「わたし」としての存在に気がついた」という感想は、前著に述べているが、変わりはない。他者を通して「自分史」を描くという一つの実例になっていると思う。

本書もまた前著『色川大吉歴史論集　近代の光と闇』を出版された日本経済評論社の社長栗原哲也氏の熱意がなかったら陽の目を見ることはなかったろう。栗原氏は途中息切れしそうになった私を辛抱強く督励し、編集上のさまざまな助言をあたえてくれた。その助言に従って加筆訂正したところも多い。本書の刊行は栗原社長のおかげである。心から感謝して「あとがき」としたい。

二〇一三年九月一日

色川大吉

天山山脈を背にして―あの氷河の山を越えてきた（1989）

や行

ら行

わ行

な行

は行

ま行

た行

か行

さ行

人名索引（但し『人生茫々』を除く）

あ行

【著者略歴】

色川大吉（いろかわ　だいきち）

1925 年　千葉県佐原町（現香取市）生まれ。
1941 年　第二高等学校（現東北大学）文科入学。ボート部、山岳部で活動。
1948 年　東京大学国史学科卒業。栃木県粕尾村にて中学教師、その村で山林労働学校を組織。
1950 年　新演劇研究所（劇団新演）に参加。翌年、結核を病み肺葉を切除。
1954 年　服部之總の「日本近代史研究会」に勤務。
1957 年　東京経済大学非常勤講師。
1960 年　論文「困民党と自由党」、1961 年「自由民権運動の地下水を汲むもの」で民衆史、民衆思想史を創始。
1964 年　『明治精神史』刊行。
1966 年　『近代国家の出発』刊行、ベストセラーとなる。
1967 年　東京経済大学教授、この年より中央アジア、ユーラシア大陸の旅始まる。数十回に及ぶ。
1976 年　不知火海総合学術調査団結成。
1980 年　国立歴史民俗博物館総合展示代表者会議座長、日本はこれでいいのか市民連合代表世話人。
1996 年　東京経済大学退職。
1998 年　山梨県北杜市大泉町（八ヶ岳山麓）に移住、以後執筆に打ちこむかたわらスキー、旅行、講演等旺盛に活動を続けている。

著書―『ある昭和史』（中央公論社、1975）、『色川大吉著作集』（筑摩書房 1995 ～ 96）、『昭和自分史』（全 4 巻、小学館、岩波書店、2005 ～ 10）、『東北の再発見』（河出書房新社、2012）、『平成時代史考』（アーツアンドクラフツ、2013）ほか。

色川大吉人物論集　めぐりあったひとびと

2013年11月18日　第1刷発行

定価（本体2800円＋税）

著　者　色　川　大　吉
発行者　栗　原　哲　也
発行所　㈱日本経済評論社
〒101-0051　東京都千代田区神田神保町3-2
電話 03-3230-1661　FAX 03-3265-2993
E-mail：info8188@nikkeihyo.co.jp
URL：http://www.nikkeihyo.co.jp
振替 00130-3-157198

装丁＊渡辺美知子　印刷＊文昇堂・組版＊閏月社・製本＊高地製本所

乱丁本・落丁本はお取替えいたします
Printed in Japan

ISBN 978-4-8188-2306-8